ENVENENADOS

Una bomba química
nos extermina en silencio

Gárgola

Eleisegui, Patricio

  Envenenados : una bomba química nos extermina en silencio / Patricio Eleisegui.
- 1a ed. - Ciudad Autónoma de Buenos Aires : Gárgola, 2017.

  256 p. ; 23 x 16 cm.

  1. Investigación Periodística. I. Título.
  CDD 070.44

Editor: Ricardo Romero
Diseño de tapa: Ignacio Ferreyra
Ilustración de tapa: Facu Roma (stencil)

Gárgola Ediciones
Venezuela 726 - (1095) - San Telmo - Buenos Aires
Tel/fax: (054-11)-4331-4204
ventas@gargolaediciones.com.ar
www.gargolaediciones.com.ar

Patricio Eleisegui

ENVENENADOS

Una bomba química
nos extermina en silencio

Gárgola

A Alejandra Vanegas Cabrera

Agradecimientos:

Este trabajo no podría haberse concretado sin la colaboración permanente y la confianza de: Damián Marino y su equipo, Adelmar Funk, Alexa Estevez, Ricardo Romero, Rogelio Parra, Luis Lucero, Luis Mazzarello, Matías Ruíz Díaz Yoris, Fabián Tomasi, Medardo Ávila Vázquez, Sofía Gatica, Estela Lemes, Sergio Giachino, Roberto Lescano, Jeremías Chauque, Mercedes Méndez, Nicolás Correa, Javier Souza Casadinho, Daniel y Damián Verzeñassi, Andrea Kloster, Mariela Leiva, Miryam Gorban, Jorge Bevacqua, Marisa Covino, Gonzalo Peralta, Marianella Irigoyen, Rubén Bitz, Gonzalo Acosta, Carmen Cavallo, María del Carmen Seveso, Facu Roma, Yael Gutman, Ángel Colángeno, Jorge Paolucci, Alba Piotto, Analía Cao, Mónica Tugnarelli, Silvia Ferreyra, Emanuel Garrido, Pablo Piovano, Viviana Peralta, Carlos Manessi, Gabriel Molinero, Jesica Bustos, Gonzalo Zapata, Adolfo Boy, Silvana Buján, Raúl Montenegro, Rubén Ramallo, Ricardo Morán, Fernando Esteban, Edgar Rodríguez, Antonio Gustavo Gómez, Enrique Viale, Fernando Albretch, Roxana Giroldi, Tacu Pereyra, Ana Ojeda, Sebastián Albornos y Matías Debarbieri.

Por supuesto, esto tampoco podría haberse llevado a cabo sin el apoyo incondicional de mi familia y los amigos de toda la vida.

Pasaron más de tres años desde que concluí la última página de
este trabajo. Pero cuando observo qué es lo que ha ocurrido desde aquel punto final no miento si digo que, en concreto, la labor
más ardua comenzó después de la concreción de este libro. Ahora,
mientras *Envenenados* encara su primera reedición, me resulta difícil delimitar el verdadero significado que la investigación tomó
a partir de su irrupción en una sociedad en la que todo lo que
denuncia el material, en buena medida, todavía permanece como
un secreto a voces. El trato que ha recibido el libro rompió las
expectativas que, en tanto autor, me había planteado al momento
de comenzar a desarticular un modelo de producción sobre el cual
de pronto tuve una certeza: tal como funciona, nos está matando.

Nunca hubiese podido sospechar que, ya lanzado, *Envenenados*
iba ser presa del apoyo incondicional de quienes luchan desde hace
años por dar a conocer una problemática que atenta contra la salud
de miles de personas en los distintos territorios que hacen a la Argentina, a través de luchas que hicieron del libro un argumento de
relevancia más allá de tratarse del primer acercamiento periodística que hice al tema. Tampoco que, por el simple hecho de exponer
la historia de infinidad de víctimas luchando por sobrevivir bajo
gobiernos de retórica progresista, mi primera publicación editorial
en esa dirección iba a llegar a esta instancia de relanzamiento.

Lo real es que, desde aquella irrupción hasta hoy, en algunas
cosas el escenario fue cambiando a paso firme aunque, claro, nunca a la velocidad que requieren aquellas personas que viven cada
día sin saber si será el último por efecto de una tragedia que con-

tinúa negada. Las luchas, por estos tiempos, proliferan como un recurso común en respuesta al entramado de intereses políticos y económicos que el libro desarma y desnuda pero, lamentablemente, todavía sin la contundencia que parece necesaria para desestabilizar el *status quo* que engendró el drama sanitario derivado de las fumigaciones.

Aunque duele reconocerlo, es evidente que todavía deben multiplicarse las enfermedades y las muertes para que realmente los espacios de poder tomen nota de historias como las que pueblan las páginas de este trabajo. Pero esta es una apreciación que puedo sostener ahora y sobre la que me mantuve ignorante durante la labor de investigación que derivó en *Envenenados*. Tampoco podría haber adivinado que la contaminación, los avales de los gobiernos, las tragedias, adoptarían la envergadura trágica que ostentan por estos tiempos.

Este libro nació de una intuición y, también, de un deber. En el primer caso, a partir de comenzar a seguir las tibias denuncias acerca de personas afectadas por las fumigaciones que algunos medios del interior de la Argentina –por supuesto, nunca los de mayor alcance o visibilidad– comenzaron a exponer cada vez de forma más sostenida. Siempre en lugares alejados de ese ombligo que representa la Capital Federal. Postergados sería la palabra. El país que rara vez miramos.

Lo posterior fue, una vez iniciada la indagación para conocer de qué se trataba esto de los agroquímicos y su relación directa con los transgénicos que se cultivan en las zonas agrícolas, apelar a la coherencia con el rol que asumí desde el primer día que decidí volverme periodista. La obligación que deriva de una labor que se elige como modo de vida. Siempre desde la certeza de que la comunicación tiene como precepto poner la lupa especialmente sobre los puntos oscuros que los sectores dominantes pugnan por colocar lejos de las miradas que exigen una respuesta. Vigilar al poder: creo que nada resume mejor la idea que tengo acerca del periodismo. Es lo que trato de dejar en evidencia en cada una de las páginas que hacen a este trabajo.

La concepción de *Envenenados* parte de mi propia necesidad de entender qué es lo que hace a la Argentina potencia agrícola. O, al menos, cuáles son los pilares que sostienen una aparente riqueza largamente publicitada por quienes toman las decisiones sobre la actividad económica más expandida. Por supuesto, los mismos actores que resultan beneficiados por este mismo alarde de productividad rara vez puesto en discusión.

Decir que fue fácil escribir este libro de denuncia sería faltar a la verdad.

No fue sencillo.

Como ocurre siempre que uno se posiciona sobre el aspecto ríspido de una práctica consagrada. Más todavía si se tiene en cuenta que aquello que se cuestiona no es otro que el nervio sobre el que se asientan incluso los proyectos políticos. Dar con la información básica respecto de cómo un país de agricultura diversificada pasó a transformarse en una mera potencia sojera implicó meses de acopiar información obtenida a regañadientes de las compañías, las organizaciones vinculadas al campo y los mismos productores. Acceder a la documentación que, por citar un caso, prueba que esa soja predominante desembarcó a nivel local por causa y efecto de una compañía en particular, la multinacional Monsanto, implicó el contacto con informantes anónimos, ex funcionarios descontentos con los ocurrido en la década del 90 e incluso antiguos guerrilleros devenidos en ecologistas.

Después, la complejidad pasó por la documentación científica capaz de certificar el daño tóxico inherente a las fumigaciones. ¿Existía una evidencia que no fuera otra que la aportada por los mismos beneficiados por el modelo imperante? Esa fue la pregunta fundamental durante las primeras instancias de investigación. El viento favorable provino de universidades nacionales como la de La Plata, los campamentos sanitarios de la casa de altos estudios de Santa Fe, el compromiso de médicos de la Universidad de Córdoba.

No quiero pecar de solemne, pero honestidad y fortaleza fue el lema que abracé a medida que el trabajo me fue hundiendo cada vez más en un drama insospechado. Honestidad para llevar a la hoja cada uno de los datos y testimonios especializados que con el correr de los meses se fueron multiplicando. Fortaleza para sostenerme ante los nombres política y económicamente determinantes que aportó la investigación. ¿Mi trabajo podía traerme problemas legales? ¿Qué ocurriría con mi entorno laboral? ¿Estaba colocando a mi familia, los seres queridos, ante una situación de peligros de alcance indeterminado? Los interrogantes se acumularon a la par de las entrevistas, las consultas. Pero, sobre todo, también pedí fortaleza ante lo que observé como el paso final de mi investigación: la interacción con las víctimas.

Con el tiempo comprendí que sólo determinado nivel de inconsciencia, cierta capacidad para postergar preguntas como las anteriores ante los riesgos de desnudar los intereses y negociados de los grandes ganadores de un sistema que, lo digo sin vueltas, considera productividad al hecho de cultivar alimentos mediante la aplicación de venenos, podía permitirme concluir este trabajo. El descenso al infierno de los afectados le agregó sentimientos sombríos al viaje de escribir *Envenenados*: impotencia, frustración, desaliento. Las peores sensaciones se fueron acumulando a la par de un trabajo de campo que me llevó desde los municipios bonaerenses a Entre Ríos, del dolor santafesino a la lucha en Córdoba. A cada instancia, haciendo propia una desdicha silenciada. ¿Qué podía hacer ante tanto descalabro, tanto infortunio sin condena? Avanzar hacia el libro que sigue a estas líneas se volvió una obligación ineludible. Quizás, asumo hoy, la única opción posible para quien antes que periodista se asume como un sujeto pensante criado en un hogar donde la solidaridad continúa siendo ley.

La alternativa de la obra parte de una génesis dolorosa. Y tiene como puerto de llegada al, tal vez, caso más dramático de todos los que me tocó conocer en las incursiones a los territorios fumigados donde los abortos espontáneos, el cáncer y las malformaciones forman parte de una paisaje cotidiano que incluso ya se asume como natural, a modo de condena obligatoria, preestablecida. El mismo camino de indagación colocó a mi propio entorno al borde de la desintegración: el desastre restó lugar a la familia, los amigos, la pareja. La pérdida de las víctimas se volvió como nunca la posibilidad real de un precipicio personal. ¿Podía detenerme antes de concluir la escritura? Claro que sí. La alternativa de la ceguera suele permitir vidas más tranquilas. ¿El freno, el hasta acá llegamos, me permitiría seguir adelante como periodista? Y antes que la profesión, ¿qué ocurriría conmigo como persona? El ejercicio de la sinceridad exige tal vez los sacrificios más dolorosos. Triunfó el grito de las gargantas acalladas.

Fabián Tomasi, el último afectado al que arribo en mi investigación, alejó las mezquindades típicas que nos atosigan por estos tiempos. El primer acercamiento a su historia fue por teléfono desde el departamento que compartía con la que hoy es otra ex pareja. De un lado y otro de la comunicación lo que prevaleció fue el llanto mordido. Entre los dos repasamos las costillas de una tragedia que luego se transformó en símbolo de *Envenenados*. El otro lado del mito de la prosperidad que en el presente predomina por efecto de una cultura de contaminación negada que hoy suma dos décadas. De un modo me sentí responsable por ese hombre en tránsito inexorable hacia una muerte inminente. La culpa, entonces, se sumó al listado de ingredientes que me atravesaron en la concepción de este libro.

Pero fue ese mismo sentimiento negativo el que actuó como motor de una escritura que al principio fue dubitativa y después mutó en automática. Este libro prácticamente fue un dictado al que sólo hubo que colocarle el cuerpo como herramienta. El tenor de los dramas hechos nombres y lugares aceitó la creación de cada línea. La redacción de este trabajo comprendió un proceso breve, quizás algo más de seis meses. Al poco tiempo llegarían los primeros efectos derivados de la convivencia con tanto drama: durante el mes de lanzamiento de esta investigación, diciembre de 2013, sufrí problemas físicos que fueron desde una peritonitis en la que estuve a un paso de perder la vida hasta fracturas y una cirugía para erradicar una formación que resultó benigna. Ocurrió la desaparición de ejemplares por efecto de la distribuidora que en ese momento tuvo a su cargo entregar el material a las librerías. Después, las visitas a pueblos del interior para presentar esta investigación en las que prevalecieron las críticas y los cuestionamientos. Demasiado para un periodista que apenas hizo uso de la coherencia profesional para contar historias.

Pero, en simultáneo a los reveses, también se agigantó la certeza de que la labor de denuncia había hecho foco en lo correcto. Los precios personales, elevados por donde se los mire, terminaron por hacerse relativos. Así llegamos a este presente, con la reedición de este trabajo. Y este prólogo que expone palabras no dichas en la versión anterior de *Envenenados*. Expresiones que asumo prácticamente como una confesión, pero que considero necesarias de transmitir para que esto que aquí comienza, antes que un libro, también sea valorado como un testimonio del modo en que vivimos y hacemos periodismo los hombres de nuestra época.

Patricio Eleisegui

Todos los habitantes gozan del derecho a un ambiente sano, equilibrado, apto para el desarrollo humano y para que las actividades productivas satisfagan las necesidades presentes sin comprometer las de las generaciones futuras; tienen el deber de preservarlo. El daño ambiental generará prioritariamente la obligación de recomponer según establezca la ley. Las autoridades proveerán a la protección de este derecho, a la utilización racional de los recursos naturales, a la preservación del patrimonio natural y cultural y de la diversidad biológica, y a la información y educación ambientales. Corresponde a la Nación dictar las normas que contengan los presupuestos mínimos de protección, y las Provincias, las necesarias para complementarlas, sin que aquellas alteren las jurisdicciones locales. Se prohíbe el ingreso al territorio Nacional de residuos actual o potencialmente peligrosos y de los radioactivos.

Constitución de la República Argentina. Artículo 41.

Introducción

Esto que acaba de iniciarse está hecho de nombres. De historias que, a través de la misma escritura, la presión del tiempo –que corre, fatal, para muchos de los protagonistas de estas páginas–, y el peso de las circunstancias tratarán de hacerse una sola.

Un relato común.

Empecé esta investigación con dudas previsibles. Fluctuaciones lógicas que surgen en el intento de llevar a cabo la difícil tarea de reflejar, desde los ángulos más incómodos, los aspectos de una problemática que afecta a millones de personas, y con la intriga de no saber si los tentáculos de las corporaciones y las influencias políticas que se exponen, poderosas por donde se los miré, permitirían cumplir con una tarea que surgió así, espontánea, a la sombra de injusticias que cada vez se aceptan con mayor naturalidad.

Porque esta es una historia en la que muchos mueren.

Y aquellos que matan siguen, en su inmensa mayoría, gozando de todas las libertades conocidas para continuar una tarea avalada por quienes deben velar por la seguridad de todos.

Porque sobre esta práctica no sólo descansa un beneficio de unos pocos: paradójicamente, depende la supervivencia económica de todo un país.

Las historias de este libro reflejan las contradicciones de un modelo que desde la retórica, desde el aspecto discursivo, se muestra contrario a lo que concreta en la práctica. Y renuevan la idea de que, a la hora de garantizar el rédito económico, poco importan las consecuencias negativas aunque afecten a tantos.

Esta investigación se basa en nombres como Fabián Tomasi, Alexa Estevez, Sofía Gatica, Estela Lemes, Jeremías Chauque o Ailén Peralta. También de otras identidades: Monsanto, Syngenta, Bayer, Nidera, BASF, DuPont, Atanor y Dow, por citar algunas.

El trabajo que aquí comienza aborda un mal que ya afecta a más de 12 millones de argentinos distribuidos en 14 provincias.

Como quedará expuesto en páginas sucesivas, este escrito no dará lugar a las medias tintas. Sí habilitará espacios para expresiones malditas como cáncer de pulmón, malformación congénita, aborto espontáneo, diabetes, atrofia, intoxicación, alergia, leucemia.

Todo alrededor de un negocio que le aseguró a la Argentina, sólo durante 2015, ganancias superiores a los 17.000 millones de dólares en concepto de exportación sólo de soja y sus subproductos. Y que aportó al kirchnerismo, por citar su incidencia en la arena política, fondos por más de 90.000 millones de dólares, siempre en lo que hace a la venta de la oleaginosa y sin tomar en cuenta el resto de los cultivos.

La investigación que aquí se presenta habla de los que sufren hoy.

De los que murieron, en su mayoría anónimos y acallados.

Y de los que, de seguro, morirán mientras se leen estas líneas.

Esta historia tiene más de un punto de partida. Final, no lo sabemos.

Patricio Eleisegui

Acerca del modelo productivo

Felipe Solá, el funcionario que inauguró los transgénicos

El comienzo tiene fecha y lugar precisos. Que no se discuten. Lunes 25 de marzo de 1996. Secretaria de Agricultura, Pesca y Alimentación, avenida Paseo Colón 982, Ciudad de Buenos Aires. Y un protagonista: Felipe Solá, un ingeniero agrónomo porteño que, enrolado en las filas del menemismo en ese momento, actuaba como mandamás de la dependencia oficial.

El posterior derrotero político de Solá jugará a favor del funcionario que, quizá sin imaginarlo, hace más de veinte años cambió el perfil económico de la Argentina.

Cercano a Antonio Cafiero a fines de la década del 80, lugarteniente de Carlos Saúl Menem en los 90, soldado de Eduardo Duhalde a principios del 2000, diputado por el kirchnerismo en 2007, aliado del Pro de Mauricio Macri en 2009, y actual diputado nacional por el Frente Renovador que lidera Sergio Massa, Solá explicitaría en una oportunidad su fórmula para sobrevivir como figura electoral.

Fue hace varios años, ante las cámaras del programa Caiga quien Caiga (CQC) y frente al micrófono del periodista Daniel Tognetti. Consultado respecto de la receta para estar tantos años en el poder, Solá contestó, sin inmutarse: "Hay que hacerse el boludo".

Ese 25 de marzo de 1996 o, mejor aún, después de esa fecha, el secretario de Agricultura iniciará un proceso de mejora de su método personal que le permitirá mantenerse en la arena política hasta nuestros días.

¿Qué sucedió el lunes en cuestión? Como instancia final de un trámite que apenas llevó 81 días y que, a contramano de la tradición política local, se extendió mayormente durante los meses de verano, Felipe Solá firmó la resolución 167 que, sin rodeos, autorizó "la producción y comercialización de la semilla y los productos y subproductos derivados de ésta, provenientes de la soja tolerante al herbicida glifosato...".[1]

De esta forma, la Argentina puso en marcha uno de los cambios más determinantes en su historia de país agroexportador.

Y dio comienzo, también, a una de las etapas más oscuras en lo que hace a la salud y la integridad física de sus habitantes.

Porque lo firmado por Felipe Solá no sólo abrió la puerta a un negocio multimillonario del que sacarían jugosas tajadas parte del empresariado agrario y el Gobierno nacional, sino que además consolidó un modo de producción tan efectivo para los mercados como contraproducente para los potenciales beneficiarios de la bonanza económica resultante. Esto es, la población argentina en general, tantas veces pendiente del cumplimiento de la prometida y nunca alcanzada redistribución de la riqueza.

Un antecedente del desastre sanitario y ambiental que llegaría después puede ubicarse en la forma en que resultó aprobado el cultivo de soja transgénica en los campos de la Argentina.

Todo bajo una serie de premisas que, enarboladas por los organismos que debían vigilar el inicio de la nueva etapa, jamás se consumaron.

Secretaria de Medio Ambiente en la misma época, María Julia Alsogaray no tuvo inconvenientes en afirmar que la introducción de la soja transgénica reduciría el consumo de agroquímicos y que, además, ayudaría a reducir el avance de la frontera agropecuaria.

Nada de esto se cumplió. Si no que, en cambio, ocurrió exactamente lo inverso.

Como bien lo detalla un documento[2] de Greenpeace, Alsogaray incluso aseguró que el cultivo permitiría a la Argentina cum-

____

[1] http://goo.gl/wpoe94
[2] http://goo.gl/r1hmz9

plir con el desafío de generar una agricultura capaz de proveer alimentos a una creciente población mundial.

"Años después, la realidad es otra: la frontera agrícola avanzó sobre los bosques nativos, se aumentó considerablemente el uso de agroquímicos y nuevas exportaciones sólo alimentan los pollos y cerdos de Europa y China", afirma el texto de la organización.

El detalle del proceso mediante el cual se avaló el desembarco de la soja modificada genéticamente inauguró un entramado de irregularidades que, al día de hoy, se ve reflejado en el sinnúmero de males que afectan a quienes, en su momento, nada supieron del cambio de timón productivo que implementó la Secretaría de Agricultura a partir de marzo de 1996.

Todo partió de un expediente de apenas 136 folios. De ese total, 108 correspondieron a informes elaborados por la principal productora de la soja transgénica, y cuyo nombre se volverá una constante a lo largo del presente trabajo: la multinacional estadounidense Monsanto.

Informes que fueron acercados a las autoridades argentinas en inglés, y que nunca resultaron traducidos al castellano por la dependencia que lideraba Felipe Solá.

El detalle del expediente, divulgado en marzo de 2011 por periodistas de la cooperativa Lavaca[3], puede apreciarse en las páginas que posteriores a este capítulo.

La aprobación comenzó a tomar forma el 3 de enero de 1996 con el envío al Instituto Argentino de Sanidad y Calidad Vegetal (IASCAV) de los documentos que, aunque parezca insólito, la misma Monsanto remitió a la norteamericana Administración de Alimentos y Drogas (FDA) para lograr el permiso de cultivar transgénico en los Estados Unidos.

Para ser más claros aún: los datos que luego inaugurarían el predominio de la soja en la Argentina fueron aportados al Gobier-

---

[3] http://goo.gl/I0WpE

no por la misma empresa que, dada su posición monopólica en ese segmento de negocios durante aquellos años, fabricaba el producto a introducir.

Félix Manuel Cirio, en ese momento subsecretario de Alimentos, le anticipó a Carlos Lehmacher, presidente del IASCAV, un primer antecedente positivo respecto de la explotación de soja transgénica al momento de extender la información suministrada por Monsanto: "...tengo el agrado de informarle que la Comisión Nacional Asesora de Biotecnología Agropecuaria (CONABIA), en su reunión del día 21 de septiembre de este año (1995), consideró que en lo referente a bioseguridad agropecuaria no habría inconvenientes para la comercialización de la semilla", expuso en una comunicación remitida, por aquel entonces, a Lehmacher.

El 12 de enero de 1996, mientras el grueso de los argentinos ocupaba su atención en el descanso veraniego, Juan Carlos Batista, director de Calidad Vegetal de IASCAV, notificaba a Monsanto que la introducción de la soja resistente al herbicida glifosato, también fabricado por esta firma, empezaba a ser tenida en consideración.

Le siguen dos fechas de relevancia: 26 de enero y 9 de febrero. En ambos casos, Batista solicitó a Monsanto las conclusiones alcanzadas por el organismo norteamericano FDA respecto de la siembra del cultivo transgénico. La multinacional nunca responderá a estos pedidos.

El 25 de marzo, Batista elevó un nuevo requerimiento, aunque ahora al delegado agrícola de la embajada argentina en Estados Unidos. En ese escrito, el funcionario del IASCAV detalló:

"Se halla en período de evaluación la presentación de un caso de soja transgénica (organismo modificado genéticamente) en Argentina. Según información que nos llega, habría sido aprobada por FDA la comercialización de estos productos desde el punto de vista de su inocuidad como alimentos. Mucho agradeceré me haga saber a la brevedad el estado de las tramitaciones en U.S.A.".

El final de las tratativas y pedidos de información crucial llegó el mismo 25 de marzo con la firma de la resolución 167 de la Secretaria de Agricultura, Pesca y Alimentación.

Sin tomar en cuenta el incumplimiento de procesos administrativos y la falta de información técnica inherente a la introducción de un nuevo producto en compañía del veneno que habría de garantizar la evolución del cultivo, Felipe Solá aprobó el desembarco en la Argentina de la soja de Monsanto.

Comenzaba así un nuevo boom agrícola en el país, que habría de expandir al máximo un modo de producción que ya alentaba la controversia: la siembra directa.

En simultáneo, y en perfecto silencio, se iniciaba para los argentinos una fase en la que millones comenzarían a ver peligrar su supervivencia.

Un antecedente empañará todavía más el rol de Felipe Solá como el funcionario que activó en el país la gran oportunidad comercial de Monsanto.

En 2009, interpelado en una nota por el diario *Página 12*, el "hombre de campo" –como gustaban llamarlo los terratenientes bonaerenses durante su período en Agricultura– reconoció haber concretado en 1981 un estudio de mercado para sondear la potencial demanda de Roundup[4], la marca estrella bajo la cual Monsanto comercializa su controvertido herbicida glifosato.

Solá llevó a cabo su labor en diferentes provincias en compañía del también ingeniero agrónomo Marcelo Regúnaga, a quien asistió en labores académicas.

En 1981, el actual modelo de explotación agraria sujeto a la aplicación intensiva de agroquímicos aún se veía lejano.

Según *Página 12*, ya en su función de secretario de Agricultura, esto es, en 1989, el camaleónico dirigente designaría al mencionado Regúnaga como su principal asesor.

---

[4] http://goo.gl/MH6Erc

Consultado sobre el trabajo en torno a las posibilidades del Roundup, en el artículo en cuestión Solá argumentó que sólo actuó como "colaborador part-time" y que, luego de esa experiencia, "nunca más los vi después a los de Monsanto".

Hasta que el nombre de la multinacional volvió a cruzarse en su camino, según se interpreta de sus palabras casi como una casualidad del destino, en 1996.

Suspicacias al margen, la figura política de Felipe Solá salió indemne de un proceso que en su momento nadie osó tildar de, cuanto menos, polémico.

La receta de "hacerse el boludo", lo prueba el paso del tiempo, hasta hoy le sigue dando el mejor de los resultados.

Ministerio de Economía
y Obras y Servicios Públicos
Secretaría de Agricultura, Pesca y Alimentación

BUENOS AIRES, 3 de enero de 1996

PRESIDENTE DEL INSTITUTO ARGENTINO
DE SANIDAD Y CALIDAD VEGETAL
Ing. Agr. Carlos LEHMACHER
S   /   D

De mi mayor consideración:

En respuesta a su nota SP N° 325 en la cual solicita el envío de los antecedentes relativos a la posible introducción en el mercado de semilla de la línea 40-3-2 de soja transgénica resistente a glifosato, tengo el agrado de informarle que la Comisión Nacional Asesora de Biotecnología Agropecuaria (CONABIA), en su reunión del día 21 de septiembre de este año, consideró que en lo referente a <u>Bioseguridad Agropecuaria</u> no habría inconvenientes para la comercialización de la semilla.

Por tal motivo, a los fines que el Instituto a su cargo inicie las tareas de análisis y evaluación de dicho material en lo concerniente a <u>Bioseguridad para consumo humano y/o animal</u>, le adjunto copia de la documentación presentada por la empresa MONSANTO ante la ADMINISTRACION DE ALIMENTOS Y DROGAS (FDA) de los Estados Unidos de América.

Se despide de Ud. muy atentamente

Safety, Compositional, and Nutritional Aspects of
Glyphosate-tolerant Soybeans:
Conclusion Based on Studies and Information Evaluated
According to FDA's Consultation Process

by

Stephen R. Padgette, Diane B. Re, Bruce G. Hammond, Roy L. Fuchs,
Stephen G. Rogers, Leslie A. Harrison, Debbie L. Nida, Mark W. Naylor,
Kathryn H. Kolacz, Nancy B. Taylor, and Joel E. Ream

The Agricultural Group of Monsanto Company

Provided by:

Diane B. Re, Regulatory Affairs
The Agricultural Group of Monsanto Company, BB3A
700 Chesterfield Parkway North
Chesterfield, MO 63198
Tel: 314-537-6385
FAX: 314-537-7085

September 2, 1994

NOTA DICA N 16 / 96

Buenos Aires, 12 de enero de 1996

Sres.
MONSANTO ARGENTINA SAIC
Maipú 1210
(1006) Bs.As. Argentina
Fax. 313 2447

      Me es grato dirigirme a Ud a fin de poner en su conocimiento que por indicación del Sr. Subsecretario de Alimentos han pasado a consideración de este Instituto los antecedentes relativos a la posible introducción en el mercado de la línea 40-3-2 de soja transgénica resistente a glifosato.

      A tales efectos me informa que los mismos se hallan en trámite bajo expediente n° 85/96 en la órbita de esta Dirección.

      Sin más recibe cordial y atento saludo de

Ing. Agr. JUAN CARLOS BATISTA
DIRECTOR DE SANIDAD VEGETAL
IASCAV

Ministerio de Economía
y Obras y Servicios Públicos
Secretaría de Agricultura, Ganadería y Pesca
Instituto Argentino de Sanidad y Calidad Vegetal

/13

NOTA DICA N 34 /96

Bs.As. 26 de enero de 1996

Sres.
MONSANTO ARGENTINA
MAIPU 1210
(1006) Bs.As. Argentina
Fax 313 2447

Ref: Expediente N 85/96

En el análisis del expediente de Ref. sería importante disponer de información sobre la respuesta a las consideraciones efectuadas por el F.D.A. ante la presentación según documentos del 2 de Septiembre de 1994 de " The Agricultural Group of Monsanto Company.

Agradeciendo vuestra respuesta, a los efectos de continuar su evaluación, lo saluda atte.

Ing. Agr. JUAN CARLOS BATISTA
DIRECTOR (ALIDAD VEGETAL)
IASCAV

Ministerio de Economía
y Obras y Servicios Públicos
Secretaría de Agricultura, Ganadería y Pesca
Instituto Argentino de Sanidad y Calidad Vegetal

NOTA DICA Nº 40 98

BUENOS AIRES, 9 de febrero de 1996

Ref.: Expte. Nº205/96

SEÑOR PRESIDENTE:

Mediante FAX de fecha 26 de enero 1996 solicitamos información sobre la respuesta a las consideraciones efectuadas por el F.D.A. ante la presentación según documentos del 2 de setiembre de 1994 de " The Agricultural Group of Monsanto Company", relacionados a la presentación de la soja transgénica.

De persistir interés por la prosecución del trámite, agradeceré nos remita lo solicitado oportunamente.

Saludo a usted atentamente.

AL SEÑOR PRESIDENTE DE MONSANTO ARGENTINA S.A.I.C.
SR. D. CARMO PUPIL
FAX: 314-2447

Ministerio de Economía
y Obras y Servicios Públicos
Secretaría de Agricultura, Ganadería y Pesca
Instituto Argentino de Sanidad y Calidad Vegetal

Buenos Aires, 12 de marzo de 1996

NOTA DICA N° 71 /96

A: Señor Delegado Agrícola
    Embajada Argentina en U.S.A.
    José Molina / Mariano Elorza
    FAX N°: 001 202 XXX XXXX

De: Ing. Agr. Juan Carlos Batista
    Dirección de Calidad IASCAV
    Fax n°: 0054 1 311 5049

Se halla en período de evaluación la presentación de un maíz de soja transgénico (organismo modificado genéticamente) en Argentina. Según información que nos llega, habría sido aprobado por USDA y/o FDA la comercialización de dicho producto desde el punto de vista de su inocuidad como alimento (Food Safety).

Mucho agradeceré se haga saber y la brevedad el estado de las tramitaciones en U.S.A.

Posible contacto interest en F.D.A. sería con:

Alan M. Rulis
Acting Director
Office of Premarket Approval
Center for Food Safety and Applied Nutrition

Sin otro particular, saludo a Ud. muy atentamente.

Ing. Agr. JUAN CARLOS BATISTA
DIRECTOR CALIDAD VEGETAL
IASCAV

NOTA PRAI N° 113/96

BUENOS AIRES, 25/3/96.-

A: Ing. BATISTA

De: Ing. ELISEIX

          Analizados los antecedentes del EXPTE. N° 0065/96
presentado por MONSANTO ARGENTINA S.A. y en función de los
criterios de evaluación utilizados para los aditivos alimentarios
y los residuos de plaguicidas se propone:

Criterios de Evaluación para Organismos Modificados Genéticamente
(G.M.O.)

a) Identidad y Nutrición

b) Aparición de efectos no deseados.

      - Alergenicidad
      - Cancerogénesis
      - Otras toxicidades

c) Sin perjuicio del análisis correspondiente, se cree
conveniente que la empresa disponga de un "recall system" que
garantice un correcto rastreo y recupero de la mercadería.

          De compartir el criterio sustentado, se continuará con
la presente evaluación.

              Ing. Agr. ELISEIX Julio Pedro
      COORDINADOR AREA PRODUCTOS AGROINDUSTRIALES

              ING. Agr. JUAN CARLOS BATISTA
              DIRECTOR MEDIO VEGETAL
                       IASCAV

Ministerio de Economía
y Obras y Servicios Públicos
Secretaría de Agricultura, Pesca y Alimentación

BUENOS AIRES, **25 MAR. 1996**

VISTO el expediente N° 0085/96 del registro del INSTITUTO ARGENTINO DE SANIDAD Y CALIDAD VEGETAL, y

CONSIDERANDO:

Que por Resolución N° 115 del 7 de marzo de 1996 esta Secretaría aprobó la flexibilización de la metodología de solicitud de permisos para experimentación y/o liberación al medio de organismos genéticamente modificados para la semilla de la línea 40-3-2 de soja transgénica tolerante al herbicida glifosato.

Que la DELEGACION II de la DIRECCION GENERAL DE ASUNTOS JURIDICOS del MINISTERIO DE ECONOMIA Y OBRAS Y SERVICIOS PUBLICOS ha tomado la intervención que le corresponde.

Que el suscripto es competente para dictar el presente acto en virtud de lo dispuesto por el Decreto N° 866 del 11 de diciembre de 1995.

Por ello,

EL SECRETARIO DE AGRICULTURA, PESCA Y ALIMENTACION

RESUELVE:

ARTICULO 1°.- Autorízase la producción y comercialización de la semilla y de los productos y subproductos derivados de ésta, provenientes de la soja tolerante al herbicida glifosato de la

167

línea 40-3-2 que contiene el gene CP4 EPSPS.

ARTICULO 2°.- Comuníquese, publíquese, dése a la Dirección Nacional del Registro Oficial y archívese.

RESOLUCION N°: 167

Ing. FELIPE C. SOLA
Secretario de Agricultura, Pesca y Alimentación

El paquete tecnológico que cambió todo

La aprobación de 1996 llegó para completar la metamorfosis que ya venía mostrando la producción agropecuaria en la Argentina con la introducción de la siembra directa, que comenzó a ser adoptada de manera masiva también a partir de la década del 90.

Este procedimiento, que bien reseñó la socióloga Helena Alapin en su libro *Rastrojos y algo más. Historia de la siembra directa en la Argentina*[5], comenzó a despegar a partir de 1985 para transformarse en la actualidad en el método predilecto de los productores. Y, dadas las bondades económicas que esta serie de prácticas garantiza hasta el momento, nada hace suponer que no seguirá vigente por varias décadas más.

¿En qué consiste esta técnica? Entre otros aspectos, eliminó la utilización del arado tradicional para dar lugar a una maquinaria que apenas si abre surcos en los que deja caer la semilla a cultivar.

Como bien lo detalla el Instituto Nacional de Tecnología Agropecuaria (INTA) en más de un documento público[6], la siembra directa presenta las siguientes particularidades:

- Aumenta la oportunidad de siembra.
- Permite cultivar donde arar no era posible por la falta de agua.
- Prolonga el ciclo agrícola.

---

[5] http://goo.gl/iCDaK0
[6] http://goo.gl/ahwjLJ

- Extiende la vida útil de los tractores, dado que disminuye el uso de la máquina en un 66 %.
- Aumenta significativamente la cantidad de hectáreas trabajadas por personas.
- Permite obtener de un 25 a un 40 % más de rendimiento de los cultivos a iguales precipitaciones con mayor estabilidad a través de los años.

"El sistema de Siembra Directa Argentino es el sistema más evolucionado para sembrar, este elimina totalmente la labranza del suelo. Además se caracteriza por dejar una cobertura permanente de residuos de cosecha sobre la superficie", detalla el organismo en un informe de actualización técnica divulgado en febrero de 2011.[7]

El párrafo permite anticipar aspectos sobre los que volveremos en capítulos siguientes. Pero que bien pueden adelantarse en una línea breve: la técnica garantiza rápido rendimiento a un costo tremendamente bajo, y sin necesidad de que la producción demande los volúmenes acostumbrados de mano de obra agrícola. Dicho de otra manera, atenta contra la supervivencia del tradicional peón de campo.

A diferencia de las prácticas previas, la siembra directa no remueve el suelo por lo que la superficie labrada siempre queda cubierta de la materia orgánica que dejó la cosecha anterior.

Esto, según especialistas del sector, permite amortiguar la erosión de la tierra dado que, entre otras particularidades, neutraliza el impacto de la gota de lluvia. Por consiguiente, todo deriva en campos que son utilizados para el cultivo prácticamente sin pausas.

"La siembra directa impide la oxigenación de la tierra, entonces es un método para preservar el humus. Al no oxigenar el suelo, erradicás la posibilidad de que nazcan las tradicionales bacterias que descomponen lo que queda de los sembradíos. Por ende, pre-

---

[7] http://goo.gl/i8JU1W

servás la materia orgánica del suelo", nos explicó un experimenta-
do ingeniero agrónomo de Villaguay, Entre Ríos.

El especialista no tendrá inconvenientes en explicar el método,
pero en todo momento solicitará que su nombre no se difunda.

"Cuestionar la siembra directa es atentar contra la economía
de este y todos los países agrícolas. Aunque las consecuencias sean
terribles, son temas de los que no se pueden hablar con total libertad. Y uno tiene que seguir viviendo en su pueblo después de lo
que dice", argumentará.

"Con este sistema, las plantas crecen entre los rastrojos muertos
de lo que estuvo sembrado antes. Pero qué sucede... Si uno deja que
la descomposición de la materia orgánica se dé por sí sola, entonces
debe esperar hasta tres meses para volver a usar el campo. En la
combinación con otros factores, el procedimiento te permite tener
el campo listo para sembrar en quince días", precisó el entrevistado,
para luego añadir: "Las máquinas que se utilizan para hacer siembra directa no sólo se ocupan de colocar la semilla: a la par también fertilizan la tierra dejando a su paso cantidades de elementos
como fósforo y nitrógeno. De ahí que todo el trabajo se realiza sin
grandes complicaciones".

Esta modalidad demostró todo su potencial con la decisión tomada por Felipe Solá en 1996.

Articulada con el producto aprobado por la Secretaría de Agricultura, Pesca y Alimentación, la siembra directa se consolidó
como la tercera arista del combo que cambió para siempre la matriz productiva del campo local.

¿En qué se sostiene esta afirmación? En el tipo de cultivo habilitado en ese momento por funcionarios del gobierno de Carlos
Menem, el cual presenta una composición que se complementa
con esta técnica de labor agraria que economiza recursos.

Como se expuso en el capítulo anterior, el 25 de marzo de 1996
Solá autorizó el uso de soja tolerante al herbicida glifosato. Esto es,
un tipo de semilla que, modificada genéticamente en laboratorio,

tolera la aplicación de un veneno que elimina todas las plantas a excepción de la soja en cuestión.

La semilla transgénica incorpora un gen que no posee de manera natural, pero que la vuelve inmune al glifosato. Este herbicida, que al igual que la soja modificada en los 90 sólo era producido por Monsanto, combina componentes que inhiben la enzima que las plantas utilizan para concretar la síntesis proteica.

"La maleza absorbe el glifosato por hoja y lo hace circular hasta la raíz. Así hasta que toda la planta se muere. En alrededor de veinte días, la aplicación del herbicida te deja como herencia un campo completamente marrón", aportó el ingeniero agrónomo consultado.

Más claro: el glifosato mata todo lo que crece. Menos la soja.

Semilla transgénica y glifosato completan el combo que también integra la siembra directa.

"Con lo que se habilitó en 1996 se consolidó un método de producción muy simple: se cultiva, se echa veneno y se cosecha. Ese es el modelo de agricultura que se promovió. Ganancia económica asegurada. Pero lo que nadie tuvo en cuenta son los riesgos, que comenzaron a hacerse visibles pocos años después de la llegada de los transgénicos", sostiene Medardo Ávila Vázquez, pediatra y neonatólogo, ex subsecretario de Salud de la ciudad de Córdoba y coordinador de la Red Universitaria de Ambiente y Salud.

Lo que vino después fue un auténtico estallido.

Según datos de la Dirección Nacional de Alimentos, en 1996 la superficie sembrada con soja superaba las 6 millones de hectáreas[8]. Una década después, la oleaginosa ocupaba casi 16 millones de hectáreas.

Ya en 2009, la superficie dedicada al cultivo de la oleaginosa rozó las 18,5 millones de hectáreas. De cara a la campaña 2016/17, organizaciones como las bolsas de Comercio de Rosario (BCR) y de Cereales de Buenos Aires coinciden en que el número de lotes

---

[8] http://goo.gl/8Ik9Ks

sembrados con soja se ubicará en el orden de los 19,6 millones de hectáreas.

Más allá de esta perspectiva hay que decir que, de la mano de estos incrementos, ya en 2012 el país se consolidó como la décima potencia agrícola del mundo según datos de la Organización de las Naciones Unidas para la Alimentación y la Agricultura (FAO).[9]

El mismo organismo menciona a los transgénicos como el factor que permite explicar este posicionamiento.

Un informe del Consejo Argentino para la Información y el Desarrollo de la Biotecnología, ArgenBio, aporta más detalles en ese sentido. Firmado por el doctor Eduardo Trigo, el trabajo[10] señala que los transgénicos ocupan 24,5 millones de hectáreas divididos entre la soja, el maíz y el algodón. En simultáneo, expone que las semillas modificadas genéticamente le reportaron al país, en el término de dos décadas, "beneficios por 126.969,27 millones de dólares".

Porque sí: después de la irrupción, en 1996, de la oleaginosa modificada genéticamente, con posterioridad también se avanzó con la aprobación de desarrollos similares para otros cultivos.

Sobre este aspecto se volverá en capítulos posteriores. ArgenBio destaca, además, que en la actualidad este tipo de tecnologías se utiliza en la totalidad del cultivo de soja, el 95 % del área de maíz, y el 100 % de la superficie de algodón.

Pero, otra vez con el foco puesto en la soja, las perspectivas continúan. Existe un objetivo más grande, fijado hasta el 2020 por el gobierno de la ex presidenta Cristina Fernández de Kirchner: llegar a las 22 millones de hectáreas cultivadas con soja en menos de 7 años.

Esta y otras pautas forman parte del Plan Estratégico Agroalimentario y Agroindustrial Participativo y Federal[11] que la entonces primera mandataria de Argentina presentó en septiembre de 2011.

---

[9] http://goo.gl/mS9ou7

[10] http://bit.ly/2hc82Do

[11] http://goo.gl/S9aUj

¿Cuál ha sido el impacto económico derivado del cambio fijado durante el menemismo y expandido ya en tiempos de Néstor Kirchner y Cristina Fernández al frente de la presidencia, y heredado ahora por Mauricio Macri?

Para no caer en lo apabullante de los números, basta decir que sólo en 2015, según cifras del Instituto Nacional de Estadísticas y Censos (INDEC) y la Cámara de la Industria Aceitera, la liquidación por exportaciones que concretaron los empresarios vinculados a la explotación agrícola con énfasis en la soja representó casi el 64% del saldo positivo de la balanza comercial.

En términos monetarios, el monto superó los 23.351 millones de dólares. Sólo el sector aceitero, en donde se combinan guarismos de la soja, el girasol, y sus derivados además del biodiesel, ostentó ingresos por 18.000 millones de dólares.

El combo que conforman siembra directa, soja y glifosato ha dado resultados. Sin duda, mayores a los esperados en términos de ganancias.

Y le ha asegurado beneficios a un reducido grupo de empresas multinacionales en particular: Monsanto (fabricante de agroquímicos, semillera) y su subsidiaria Dekalb (semillera), Nidera (semillera, comercializadora de agroquímicos), Dow AgroSciences (agroquímicos, semillas), Syngenta (semillas, agroquímicos), BASF (agroquímicos) y Bayer (agroquímicos, semillas), entre otras pocas.

Pero el tenor de estos números no es sino la cara iluminada del modelo vigente. También existe otro lado: el que saltean las estadísticas oficiales.

Y que tiene, en uno de los integrantes de la fórmula mágica del éxito, a su componente más controvertido.

Un producto llamado glifosato

"Artículo 1: Autorícese la producción y comercialización de la semilla y de los productos y subproductos derivados de ésta, provenientes de la soja tolerante al herbicida glifosato de la línea 40-3-2 que contiene el gene CP4 EPSPS."

De esta forma comienza la resolución 167 de la Secretaría de Agricultura, Pesca y Alimentación[12] firmada por Felipe Solá el 25 de marzo de 1996.

La medida, como puede leerse, avala el uso de un agente clave para el cultivo de la soja que aportaría millones a los gobiernos: el glifosato.

Pero la historia de la concepción del producto y su llegada a la Argentina se remonta mucho antes de la década del 90.

Concebido por la empresa estadounidense Monsanto a fines de los años 60, el glifosato –según CASAFE, una de las entidades que promueve su uso en el país– "se utiliza para eliminar la competencia de malezas en los cultivos por luz, agua y nutrientes".

El herbicida, autorizado por primera vez en Norteamérica en 1974, combina elementos químicos que inhiben el trabajo de enzimas que permiten a las plantas llevar a cabo procesos esenciales para la supervivencia.

Jorge Kaczewer, investigador graduado en medicina por la Universidad de Buenos Aires (UBA) y autor de *La Amenaza Transgénica*, detalló en su trabajo que el glifosato garantiza la erradicación

---

[12] http://goo.gl/wpoe94

de pastos anuales y perennes, vegetación de hoja ancha y especies leñosas.

"El glifosato ejerce su acción herbicida a través de la inhibición de una enzima, enolpiruvil-shikimato-fosfato-sintetasa (EPSPS), impidiendo así que las plantas elaboren tres aminoácidos aromáticos esenciales para su crecimiento", explica.[13]

Una de las particularidades de este químico es que no actúa de manera selectiva: elimina toda la vegetación. De ahí la manipulación genética que derivó en el desarrollo de la soja transgénica.

Sólo la incorporación del gen que resiste la potencia del glifosato permite a la oleaginosa continuar de pie y proseguir su crecimiento luego de las habituales fumigaciones.

Esta condición de, como se dice en el campo argentino, "matayuyo" de amplio espectro fue descubierta por John Franz, un experto de Monsanto que en 1987 recibió, en los Estados Unidos, la máxima distinción que premia a los logros tecnológicos. Esto es, la Medalla Nacional de Tecnología.[14]

El hallazgo mencionado le reportó más laureles a Franz. Así, en 2007 el científico concretó su ingreso al Salón de la Fama de los Inventores de Estados Unidos[15] en Akron, estado de Ohio.

Pero más allá de su efecto básico, lo que vuelve particular la evolución del glifosato como herbicida vital para el desarrollo del cultivo de moda en este país, es la polémica que acompaña al químico prácticamente desde su génesis.

Una controversia que llega hasta nuestros días y se refiere a la toxicidad del compuesto con el que se bañan millones de hectáreas en la Argentina.

Prácticamente desde su aparición, los estudios requeridos para su aprobación en Estados Unidos vinculados con su peligrosidad han estado marcados por sucesivas denuncias de fraude.

---

[13] http://goo.gl/mrDxm3
[14] http://goo.gl/xsJs7x
[15] http://goo.gl/cYLer3

Junto con otros desarrollos similares, el herbicida de Monsanto fue protagonista de un escándalo que, revelado recién en 1983, destruyó la credibilidad de la industria de seguridad de los laboratorios en la nación del Norte.

El punto de partida del fraude nos ubica en 1976. Durante ese año, una serie de auditorías promovidas por la Agencia de Protección Ambiental estadounidense (EPA, por sus siglas en inglés) consignó errores y deficiencias en estudios elaborados por el Industrial Bio-Test Laboratories (IBT), uno de los laboratorios más importantes en cuanto a determinación toxicológica de pesticidas.

Sin mayores rodeos, la EPA acusó a IBT, establecimiento que promovió 30 estudios sobre glifosato y fórmulas comerciales a base del mismo desarrollo —entre estos, 11 de 19 sondeos diseñados para constatar su toxicidad crónica—, de falsificación rutinaria de datos y omisión de informes sobre numerosas defunciones de ratas y cobayos sometidos al herbicida.

Sin mayor repercusión mediática, y sorteando las presiones y trabas de la industria química, la EPA recién hizo pública su denuncia en 1983. El *Wall Street Journal* fue uno de los primeros periódicos en divulgar la novedad.

La Natural Resources Defence Council (NRDC)[16], una organización ambiental conformada por más de un millón de científicos, abogados y especialistas en ecología, publicó ese año una crónica de lo revelado por la EPA respecto de IBT.[17]

Entre otras consideraciones, la NRDC remarcó que muchos de los productos que fueron falsamente declarados seguros aún circulan en el mercado mundial.

El artículo, que en la Argentina tradujo Alicia Vega[18], destaca que IBT condujo cientos de investigaciones para la mayoría de las industrias químicas de Estados Unidos, y que casi la mitad de sus

---

16 http://goo.gl/pwNHG

17 http://goo.gl/dyyQI6

18 http://goo.gl/WtU9ys

estudios se utilizaron para el registro federal de cientos de productos, entre ellos insecticidas y pesticidas.

Sólo IBT condujo, en los años 70, más de 1.500 pruebas distribuidas entre sus instalaciones principales y dos laboratorios satélite. Un dato más contundente aún: de acuerdo a NRDC, entre el 35 y el 40 % de las pruebas de toxicología concretadas en Estados Unidos en aquellos años fueron llevadas a cabo por esa empresa.

En mayo de 1981, siempre a espaldas de los medios de comunicación masiva, el Departamento de Justicia estadounidense presentó cargos contra tres asociados de IBT. Como es de prever, el sector reaccionó a favor de los acusados, cuyas defensas rápidamente fueron asumidas por los mejores abogados de la industria química.

"IBT se convirtió en el mayor laboratorio del país porque sabían que este era el lugar donde las empresas podían obtener los resultados que querían", argumentó, durante el caso, un investigador del Departamento de Justicia de los Estados Unidos.

Una muestra de cómo funcionaban las cosas dentro del laboratorio puede encontrarse en un ejemplo aportado por la fiscalía durante la contienda judicial. En esa dirección, se probó que antes de trabajar para IBT a partir de 1971, el doctor Paul Wright actuó como toxicólogo en una división de Monsanto.

Los fiscales alegaron que Wright ingresó en IBT sólo para administrar las pruebas del CPT, un agente bacteriano desarrollado por Monsanto que luego integró la fórmula de numerosas marcas de desodorantes en aerosol.

En sintonía con la controversia que rodeó al glifosato desde su concepción, el CPT fue sospechado de causar atrofia testicular en ratas de laboratorio alimentadas con el compuesto.

Al parecer, Monsanto necesitaba un estudio "limpio" de IBT para, acto seguido, convencer a la administración federal de que el CPT era seguro y podía utilizarse en desodorantes.

La fiscalía expuso que Wright supervisó durante 18 meses las investigaciones sobre el CPT que se realizaron en IBT. Tras ese período, el científico regresó a Monsanto, no sin antes alzarse con una condecoración: fue designado nuevo Gerente de Toxicología para el departamento de Medicina y Salud Ambiental de la firma.

Antes, según la acusación legal levantada contra IBT, Wright participó en la redacción del informe final que derivó en la aprobación del producto.

El escándalo derivó en auditorias que fijaron en más de 10.000 los estudios fraudulentos que se utilizaron para avalar la colocación comercial de diferentes compuestos. Estos permisos incluyen a la inmensa mayoría de los herbicidas e insecticidas que se utilizan en la actualidad.

Entre estos productos se ubicó, como es de suponer, el glifosato.

¿Cómo concluyó la contienda legal iniciada contra IBT? Pese a que se probó el fraude, las consecuencias para el laboratorio fueron bastante benignas.

El 11 de julio de 1983, la EPA ordenó retirar del mercado estadounidense 34 pesticidas, siempre y cuando sus comercializadores no presentaran pruebas de toxicidad adicionales[19]. El organismo determinó, además, que sólo el 16 % de las pruebas realizadas por IBT sobre productos como los pesticidas en cuestión eran válidas.

A modo de reprimenda, EPA dejó de utilizar los servicios de IBT para testeo de nuevas sustancias. El castigo fue apenas ese.

Pero las denuncias sobre fraude en torno a la toxicidad del glifosato no se agotan en este caso en particular. Ya en 1991, la EPA volvió a denunciar a otro laboratorio por adulterar informes de seguridad. En esa ocasión, la firma cuestionada fue Craven Laboratories, que realizó estudios para 262 fabricantes de productos químicos.[20]

---

[19] http://goo.gl/cgpLl5
[20] http://goo.gl/POusFd

EPA comprobó que el establecimiento falsificó estudios y cambió anotaciones de registros de laboratorio, además de adulterar el equipamiento científico a fin de vaciar de fiabilidad los resultados de las pericias.

Uno de los productos beneficiados por esta serie de imprecisiones provocadas fue el Roundup, la marca estrella bajo la cual Monsanto comercializa su glifosato. En 1992, tanto el dueño de Craven Laboratories como tres de sus empleados fueron declarados culpables de hasta veinte delitos penales.

Según comunicados del Departamento de Justicia estadounidense, el 25 de febrero de 1994 Don Allen Craven, titular de Craven Laboratories, recibió una condena de 5 años a prisión mientras que su compañía fue multada con 15,4 millones de dólares por falsear pruebas de pesticidas que luego resultaron aplicados a cultivos alimenticios.[21]

Al igual que en el caso IBT, EPA rescindió los contratos de prueba de químicos que mantenía con Craven Laboratories.

En Estados Unidos, donde el consumo agrícola de glifosato promedia las 65.000 toneladas anuales, el herbicida ostenta hoy el nivel de toxicidad III, lo cual implica reconocer que el químico es ligeramente tóxico y que, producto de esta calificación, en la etiqueta de venta comercial debe figurar la leyenda *Caution* (Cuidado).

Por fuera de lo sucedido en los Estados Unidos, también hubo cuestionamientos sobre los efectos del pesticida en el Viejo Continente.

Así, a principios de 2007, Monsanto fue hallada culpable por un tribunal de Lyon, Francia, por realizar publicidad engañosa al presentar al Roundup como biodegradable y alegar, además, que el herbicida respeta el medioambiente y deja el suelo totalmente limpio de toxinas.

En Europa, desde 2001, el glifosato está clasificado como tóxico para los organismos acuáticos y, además, se lo identifica como

---

[21] http://goo.gl/AsXfZI

un producto que puede acarrear efectos nefastos para el ambiente a largo plazo.

Previo a la condena a la multinacional –que debió abonar una multa casi simbólica de 5.000 euros–, según sucesivos artículos publicados por el diario francés *Libération*, un equipo de investigadores franceses demostró, además, que el "glifosato formulado provoca las primeras etapas de la cancerización" en las células.

En su fallo, el tribunal de Lyon expuso, con respecto al Roundup de Monsanto, que "la utilización de expresiones como biodegradable o deja el suelo limpio, utilizadas en las etiquetas del producto, pueden hacer creer falsamente a los consumidores acerca de su inocuidad total y de una degradación biológica rápida después de su uso, en tanto que en realidad puede permanecer durablemente en el suelo bajo la forma de glifosato, y expandirse en las aguas subterráneas".[22]

En la actualidad, el pesticida se comercializa en más de 140 países alrededor del mundo y acumula una porción en el mercado total de herbicidas no selectivos superior al 65 %.

El ingreso y posterior uso del glifosato en la Argentina fue autorizado en 1977 por el Servicio Nacional de Sanidad y Calidad Agroalimentaria (SENASA).

Este permiso fue revalidado en 1999, bajo la gestión del funcionario del menemismo Ricardo Novo, mediante la resolución 350 de la Secretaría de Agricultura, Ganadería, Pesca y Alimentos.[23]

En ambos casos, la aprobación se concretó sin que se hicieran pruebas de toxicidad en laboratorios nacionales.

"Según la Resolución 350/99 del SENASA, el principio activo glifosato está dentro del grupo de activos de improbable riesgo agudo, en su uso normal", destaca un informe[24] del Consejo Argentino para la Información y el Desarrollo de la Biotecnología (ArgenBio).

---

[22] http://goo.gl/RNv8HW

[23] http://goo.gl/Wa8uA2

[24] http://goo.gl/iDkugG

"Tanto el glifosato como los herbicidas formulados a partir de ese principio activo están clasificados en la Categoría de Menor Riesgo Toxicológico (Clase IV), es decir, productos que normalmente no ofrecen peligro, adoptado por este organismo, en consonancia con organismos internacionales que lo han evaluado", agrega.

Las regulaciones que habilitan la utilización indiscriminada en la Argentina operan hoy a contramano de lo que viene ocurriendo fronteras hacia afuera en lo que hace a la catalogación del herbicida.

Así, en marzo de 2015, la Agencia Internacional para la Investigación del Cáncer (IARC), vinculada a la Organización Mundial de la Salud (OMS), declaró que existe evidencia suficiente para vincular al glifosato con la proliferación, precisamente, de distintos tipos de cáncer.[25]

A nivel nacional, la evidencia científica local muestra cada vez con mayor volumen cómo las pulverizaciones con el agroquímico ya han derivado en situaciones sanitarias verdaderamente alarmantes. Un ejemplo: un trabajo publicado a mediados de 2016 por la revista internacional *Environmental Monitoring and Assessment* expuso que toda la cuenca del río Paraná está contaminada con el herbicida o AMPA, su degradación.[26]

El trabajo, que lleva la firma de, entre otros, los científicos argentinos Alicia Ronco y Damián Marino, investigadores del CONICET, develó que el Paraná recibe una carga contaminante de sus afluentes, sobre todo en las zonas donde se realiza agricultura intensiva mediante la fórmula que combina semillas transgénicas, agroquímicos y siembra directa.

En simultáneo, la investigación, llevada a cabo entre los años 2011 y 2012, destacó que el herbicida y su metabolito se concentran mayormente en los sedimentos de los cursos de agua que alimentan precisamente al Paraná.

---

[25] http://bit.ly/1GTZln7

[26] http://bit.ly/2afxdVs

Mediante testeos concretados en 23 puntos específicos del río en cuestión, el Paraguay y sus afluentes, los científicos ubicaron altas concentraciones del plaguicida, sobre todo en el lecho de estas corrientes.

El monitoreo arrojó, contundente, que la contaminación más alta de glifosato corresponde al río Luján. También los resultados fueron alarmantes en los tramos del Paraná que comprenden a las provincias de Santa Fe y Entre Ríos.

Si bien los alcances de esta investigación rápidamente ganaron protagonismo en los principales medios de comunicación del país, ninguna de las autoridades políticas tomó en cuenta los resultados y mucho menos emitió medida alguna tendiente a salvaguardar la seguridad sanitaria de todas las poblaciones que basan su provisión de agua potable en el caudal del Paraná.

En definitiva, y más allá de los dictámenes de la ciencia, para el sector político y económico los cuestionamientos en torno a la toxicidad del glifosato forman parte de una discusión que no debe realizarse.

EL MINISTRO DEL GLIFOSATO

Verdadero promotor de la utilización de agroquímicos en la producción agrícola de la Argentina, Lino Barañao ocupó el cargo de ministro de Ciencia, Tecnología e Innovación Productiva durante la gestión de Cristina Fernández de Kirchner al frente del Ejecutivo nacional.

Su postura a favor del cultivo de transgénicos, sumada a sus vínculos con las compañías que participan en el desarrollo de los organismos modificados genéticamente, le valió que Mauricio Macri lo mantuviera en la misma posición tras el cambio de gobierno.

Si no visualiza correctamente este boletín haga clic en este vínculo

ASOCIACIÓN DE MADRES DE PLAZA DE MAYO

LINO BARAÑAO JUNTO A HEBE EN "PARIENDO SUEÑOS"

El ministro de Ciencia, Tecnología e Innovación Productiva, Lino Barañao, participó del programa "Pariendo Sueños", que conduce la presidenta de la Asociación Madres de Plaza de Mayo, Hebe de Bonafini, en La Voz de las Madres-AM 530, los lunes, de 19 a 21 horas.

Aquí transcribimos algunos fragmentos de la entrevista:

Hebe: -Qué día, ayer. Qué alegría.

Barañao: Yo recordaba el mismo entorno dos años antes y es una reivindicación muy importante. Para todos los que participamos de esta gestión fue como un espaldarazo necesario, ante tanta versión crítica que uno lee en los medios. Esto simplifica el panorama para octubre y reduce notablemente la entidad de muchos candidatos a efectuar críticas, aduciendo una representatividad que quedó claro que no tienen.

"Tecnópolis ha despertado un

Barañao aparece, entonces, como el único funcionario de primera línea avalado por dos proyectos políticos en teoría antagónicos.

Con pasado en el Grupo Sidus, compañía en la cual impulsó un proyecto de clonación de vacas transgénicas en el año 2002, este doctor en Química suele evitar pronunciarse respecto de los informes científicos que alertan sobre los efectos tóxicos de agroquímicos como el glifosato.

Sin embargo, en una entrevista que le hizo Hebe de Bonafini en agosto de 2011 para su programa "Pariendo Sueños", en la radio La Voz de las Madres AM 530, Barañao desnudó su visión respecto del herbicida y el consumo de alimentos basados, precisamente, en transgénicos.

A continuación, las palabras del ministro en épocas de kirchnerismo:

Hebe de Bonafini: *¿Cómo es ser ministro de este proyecto?*

Ministro de Ciencia, Tecnología e Innovación Productiva, Lino Barañao: Es un gran orgullo, una satisfacción muy grande porque además venía trabajando por lograr reivindicaciones para el sector científico. Me doctoré y me fui a Estados Unidos, estuve tres años, volví en el 84. Tuve una actividad gremial, fui presidente de la Asociación de Personal del CONICET y siempre me costaba mucho lograr que el sector político entendiera la importancia de pagar buenos sueldos a los investigadores, de desarrollar el sistema científico. Y en el 2003 pasaron dos cosas: por un lado me convocaron para ser parte de la Agencia de Promoción Científica que concibió Filmus, y por otro Néstor (Kirchner) empezó él a concertar las acciones para mejorar el salario de los investigadores, así que dejó sin efecto la actividad gremial. Es un orgullo ser partícipe de este proyecto y ver que se concretan cosas que parecían sueños tiempo atrás. Por primera vez los científicos sienten que se los considera, que se les paga un sueldo acorde y además se los requiere para un proyecto nacional. El hecho de que el CONICET se maneje de manera independiente también produce opiniones críticas al Gobierno, pero cuando dice que la Asignación por Hijo ha tenido un impacto positivo, la gente le cree. Es muy importante tener un sistema científico confiable.

(...)

La agricultura ha sido siempre una actividad que ha tenido un impacto negativo en el ambiente, desde el origen de la humanidad, desde arar los campos. Eso llevó a que algunos investigadores, aquí en la Argentina, impulsaran el desarrollo de siembra directa que implica no arar sino dejar el cultivo como está, y ahí aparece este otro cultivo que era desconocido en la Argentina tiempo atrás, que es la soja. Aparece una compañía que es Monsanto que decide investigar cómo hacer esto más eficiente y fabrica un producto que se llama glifosato que en realidad es como un antibiótico, mata las bacterias pero mata a las plantas también.

Hebe de Bonafini: *Y las personas...*

Barañao: No está probado. Hay gente que se ha tomado un vaso de glifosato, para suicidarse, y no le ha pasado nada. El glifosato fue estudiado en una cantidad de países y comparado con todas las cosas que se venían usando antes es menos tóxico. Tiene una aprobación de organismos internacionales. Es menos tóxico pero hay que usarlo con la debida precaución. Hay prácticas que son indebidas en cualquier parte del mundo. Uno no puede pasar con un avión y fumigar un pueblo, así fumigue con cualquier cosa, hasta con agua con sal, va a producir un efecto negativo. Lo que está faltando en la Argentina es un poder de policía para controlar esto. Hay que poner en práctica las reglamentaciones. Se trata de que haya el menor impacto ambiental y entre tanto hay que cumplir las normas. La soja genéticamente modificada es perfectamente comestible porque esa información está presente en la bacteria del suelo. Además, es el producto más probado a nivel alimentario: se han consumido miles de millones de toneladas sin que haya ningún efecto negativo.

El despegue de los agroquímicos

Con la aprobación de la soja transgénica y el nuevo despegue del proceso de siembra directa, el uso del glifosato inició una expansión imparable que terminó por consolidarlo como el herbicida más aplicado incluso hasta hoy.

Así, mientras que en 1991, antes de la aprobación de la semilla modificada genéticamente, la utilización del Roundup de Monsanto –cuyo dominio de la patente expiró en el año 2000– apenas si alcanzaba el millón de litros en la Argentina, por estos días esa marca alcanza con comodidad los 200 millones de litros.

El tenor de este número impacta todavía más si tomamos en cuenta que, de acuerdo a organizaciones como la Red de Médicos de Pueblos Fumigados, en el campo local se vierten algo más de 300 millones de litros de agroquímicos.[27]

El incremento en cuestión derivó en que Argentina concentre en la actualidad cerca del 9% del consumo mundial de glifosato.

La penetración del herbicida en el mercado interno es tal que su comercialización ya no se acota únicamente a los usuales proveedores de insumos para el agro. Por citar un ejemplo, es sencillo ubicar ofertas de glifosato en portales de comercio electrónico como MercadoLibre.com.[28]

Una de las propuestas encontradas a principios de 2017: recipiente de 20 litros, de la marca Zamba –fabricado por Nidera–, a 2.200 pesos. También fue posible ubicar publicaciones que promocionan el Roundup de Monsanto.

---

[27] http://goo.gl/JbLl4V

[28] http://bit.ly/2gWutjK

Además de Nidera o Monsanto, el desarrollo del producto también tiene entre sus protagonistas a Atanor, una compañía de origen argentino que hoy es controlada por la estadounidense Albaugh. Precisamente Atanor posee dos plantas en las que elabora el herbicida en el país.

A estos nombres hay que agregar las también estadounidenses Dow y DuPont, la alemana Bayer, y Syngenta, una multinacional con sede en Suiza, entre otras.

Se estima que en el mercado argentino circula una decena de marcas de glifosato, y que las químicas locales elaboran el 50% del producto que consume el agro fronteras hacia adentro.

Aunque buena parte de la oferta es concentrada por las compañías antes mencionadas, también es importante la porción de agroquímicos que ingresa proveniente de China, y no es menor la cantidad de litros que entra a la Argentina a través del contrabando vía Brasil y Paraguay.

¿A qué responde el despegue del consumo de glifosato? El primer factor, previsible si se quiere, es la ampliación de la frontera agrícola en general y del cultivo de soja en particular. Como ya hemos señalado, de las 6 millones de hectáreas que ocupaba la oleaginosa en 1996 se pasó a un total de 19,6 millones que se alcanzarían durante la campaña 2016/17.

El segundo, menos visible, responde a las paulatinas dificultades que, con el correr de las aplicaciones, comenzó a exhibir el rendimiento del pesticida. Complicaciones que, año a año, derivaron en un uso cada más copioso del producto e incentivaron, además, la incorporación de otros químicos a las fumigaciones.

Sucede que la etiqueta "no selectiva" del glifosato comenzó a perder esta característica a manos de diferentes malezas que, como suele suceder en la naturaleza, en un principio fueron presa fácil del efecto químico del herbicida pero luego desarrollaron resistencias que las volvieron inmunes a las aplicaciones más tradicionales.

Esto dio como resultado fumigaciones que contemplan el uso de una mayor cantidad de litros de glifosato, y la masiva incorporación de diferentes compuestos que, a modo de combo, garantizan el trabajo de exterminio del Roundup.

El primer caso de resistencia al glifosato se registró en 2002. La maleza que triunfó sobre el herbicida de Monsanto: el sorgo de Alepo (*Sorghum halepense*).

De acuerdo a un informe de Greenpeace referente a la expansión del químico en el país, las alertas tempranas respecto del comportamiento del sorgo de Alepo "no fueron atendidas, y los agricultores que expresaron sus preocupaciones en la zona norte de la Argentina fueron tranquilizados".[29]

Le siguieron el Yuyo Colorado (*Amaranthus quitensis*), la Gramilla Mansa (*Cynodon hirsutus*), el Raigrás (*Lolium multiform*), el Pasto Amargo (*Digitaria insularis*, resistente al glifosato también en Brasil y Paraguay), y la Lengua de Vaca (*Rumex crispus*), entre otras.

Toda esta aparición de auténticas "súper" malezas se intensificó en estos últimos años. En la actualidad, según la Red de Conocimiento en Malezas Resistentes (REM), una organización dependiente de la asociación de productores de siembra directa (AAPRESID), existen en el campo argentino hasta 17 especies –con 28 biotipos– inmunes a herbicidas. La enorme mayoría de estas variedades resiste el glifosato. Algo similar ocurre con los insectos.

Este escenario precipitó, en primer término, un incremento en la cantidad de litros que se aplican por hectárea y, ya en segunda instancia, abrió la puerta a combinaciones con otros químicos de mayor potencia que incrementaron la polémica que acompaña al glifosato desde su origen.

En paralelo, la efectividad en términos económicos de la receta conformada por siembra directa, semilla transgénica y glifosato, incentivó la aplicación de compuestos de diversa índole que consolidaron la fórmula de producción.

---

[29] http://goo.gl/9aVtBD

Ahí es donde comienzan a volverse comunes para los productores nombres como 2,4-D, endosulfan, atrazina, dicamba, clorpirifos, cipermetrina, glifosinato de amonio, paraquat o dimetoato.

Y también para los habitantes de las zonas donde se profundizó la aplicación de estos pesticidas que, como abordaremos en próximos capítulos, rápidamente experimentaron la incidencia cuando alcanzan a las personas y sus hábitats.

Cada uno de estos agroquímicos combina un origen y un rendimiento que, al igual que el glifosato, nada tienen que ver con la preservación de la vida fuera de las plagas que dicen combatir.

"Hay que pensar que el desarrollo de los plaguicidas siempre corrió por cuenta de empresas militares, y que los productos fueron pensados como armas para usar en las guerras. Luego la industria entendió que podía darles una aplicación comercial. Y así es como estos venenos llegaron al campo, a producir alimentos, como le gusta decir a los fabricantes", comentó Medardo Ávila Vázquez, médico pediatra, neonatólogo y docente de la Facultad de Medicina de la Universidad de Córdoba.

2,4-D

Una primera muestra que coincide con estas palabras hay que ubicarla en el 2,4-D, un herbicida que aparece en tiempos de la Primera Guerra Mundial, y que tendrá una participación mortal en la guerra de Vietnam. Dado su poder de exterminio, hoy se utiliza en la Argentina como primer producto al momento de preparar la tierra para, por ejemplo, cultivar soja.

Dada su potencia, el 2,4-D no puede aplicarse luego sobre la oleaginosa sembrada en virtud de que el químico también mata a la semilla transgénica. De acuerdo a diversas organizaciones ambientalistas, en la Argentina se pulverizan por año más de 25 millones de litros de este producto. Y dicho número va en ascenso.

Una recopilación de artículos[30] concretada por la Red Universitaria de Ambiente y Salud recorre la aparición y el uso del 2,4-D antes de su irrupción en la producción agropecuaria.

Pese a que el descubrimiento inicial tuvo lugar durante la primera contienda mundial, el verdadero punto de partida del plaguicida hay que ubicarlo en la Gran Bretaña de 1940, más precisamente en los laboratorios de la Imperial Chemical Industries (ICI).

En sus instalaciones, y tras sucesivos estudios, los científicos dieron con las propiedades herbicidas de ciertas hormonas que, producidas sintéticamente, podían regular el crecimiento de las plantas. Acto seguido, desarrollaron la molécula química del MCPA (Metil-Cloro-Fenoxi-Acético).

En el ICI no sólo se trabajó en el Metil-Cloro-Fenoxi-Acético. En el mismo lugar los británicos prepararon armas químicas basadas en una bacteria que, ya en septiembre de 2001, sacudiría la seguridad de los Estados Unidos pocos días después del atentado contra las Torres Gemelas: el microorganismo *Bacillus anthracis*, que sintetizado bajo la forma de Ántrax origina la contaminación por Carbunco y mata por simple inhalación.

Durante la Segunda Guerra Mundial, los británicos tuvieron como plan rociar con MCPA los cultivos alemanes de papas y remolacha azucarera para, de esa forma, neutralizar dos variables vitales en la contienda: la disponibilidad de alimentos y de combustibles, dado que los cultivos en cuestión también eran utilizados como base para el desarrollo de la energía que impulsó las bombas voladoras V1, V2 y V9 que Adolf Hitler disparó una y otra vez hacia Londres.

Pero los nazis se anticiparon al plan británico. Y bombardearon las instalaciones del ICI matando a miles de científicos. Dada la relevancia de las investigaciones, los especialistas que sobrevivieron fueron trasladados a Canadá y, principalmente, Estados Unidos.

---

[30] http://goo.gl/vXCcgu

Y precisamente fueron los estadounidenses quienes completaron el círculo de desarrollo del 2,4-D. Primero, alterando la fórmula inicial del compuesto cambiando moléculas y, luego, adicionando átomos para alcanzar un desarrollo superior: el 2,4,5-T, un herbicida capaz de matar árboles de gran porte.

Entre 1944 y 1945, de acuerdo a información de las fuerzas armadas estadounidenses, el ejército de ese país evaluó los efectos herbicidas de más de 1.000 compuestos diferentes. Integraron esa nómina el 2,4-D y el 2,4,5-T.

El 2,4-D estuvo muy cerca de entrar en combate en mayo de 1945. Con la lucha entre Estados Unidos y Japón por el control del océano Pacífico en su apogeo, los norteamericanos enviaron a las islas Marianas dos cargueros repletos de herbicida[31]. El 2,4,5-T también fue de la partida.

El objetivo: destruir los cultivos nipones de arroz.

La detonación de las bombas atómicas en Hiroshima y Nagasaki, con su efectividad en términos de miles de muertos y poder disuasivo, le evitaría a Estados Unidos tener que recurrir a su arma química.

Un trabajo de Sebastião Pinheiro, investigador de la brasileña Universidade Federal do Rio Grande do Sul (UFRGS), detalla que al poco tiempo de suspendida la aplicación de los químicos sobre Japón, la estadounidense Dow, la británica ICI y un grupo de empresas menores de ambos países lanzaron el herbicida 2,4-D para su uso en campos sembrados con trigo, maíz, cebada, centeno y sorgo.[32]

Pero la presencia del producto en contiendas bélicas no se agota en la Segunda Guerra Mundial. Así, la combinación de 2,4-D y 2,4,5-T reaparece a mediados de la década del 60, durante la guerra de Vietnam, dando origen a un arma química cuyos efectos negativos se perciben hasta hoy en ese país del sudeste asiático: el Agente Naranja.

---

[31] http://goo.gl/5Y5klZ
[32] http://goo.gl/iBqSeN

Mediante el sistema de fumigaciones aéreas, y a lo largo de años, el ejército de los Estados Unidos roció con el Agente Naranja miles de hectáreas de selva buscando neutralizar tanto los escondites de la guerrilla comunista Vietcong como los cultivos de arroz con los que esta se alimentaba.

Fernando Bejarano, en una investigación publicada en 2007 por la Red de Acción en Plaguicidas y sus Alternativas para América Latina (RA-PAL), asegura que "en el período de 1962 a 1970, unos 80 millones de litros de herbicidas, de los cuales 43 millones fueron del Agente Naranja, fueron rociados durante nueve años por el ejército norteamericano sobre la selva sur de Vietnam, constituyendo la mayor campaña de guerra química nunca antes empleada en la historia."[33]

Y agrega: "Millones de vietnamitas así como miles de pilotos, soldados y marinos de las tropas estadounidenses entraron en contacto con la mezcla de herbicidas y han sufrido sus consecuencias. Diversos tipos de cáncer, entre ellos leucemia y linfoma no-Hodgkin, así como malformaciones, problemas severos de la piel –como cloracné–, desórdenes metabólicos y cardiovasculares han sido atribuidos a la exposición por dioxinas".

Las consecuencias tóxicas del uso de 2,4-D y 2,4,5-T dieron lugar a distintos litigios judiciales en años posteriores a la guerra de Vietnam:

- En 1979, 15.000 veteranos de guerra estadounidenses demandaron a las empresas productoras del Agente Naranja. Las denunciadas fueron Dow, Monsanto, Diamond Shamrock, Uniroyal y Hércules.
- En 2004, la Asociación Vietnamita de Víctimas del Agente Naranja demandó por crímenes de guerra ante una Corte Federal de los Estados Unidos a las 37 corporaciones quími-

---

[33] http://goo.gl/hO2xQ3

cas que fabricaron y distribuyeron el compuesto durante los años de contienda. Otra vez, Dow y Monsanto aparecieron entre las empresas acusadas.

- En 2006, una Corte de Corea del Sur sentenció a Dow y Monsanto a compensar a 6.800 coreanos afectados por el Agente Naranja durante la guerra de Vietnam.

Durante la década del 80, las empresas químicas retiraron al 2,4,5-T del mercado pero siguieron adelante con la comercialización del 2,4-D. Pero, dado el cuestionamiento que a nivel internacional comenzó a pesar sobre el producto, los fabricantes decidieron mudar sus fábricas a países en desarrollo. Así es como, en la actualidad, los grandes fabricantes del herbicida se distribuyen entre China, Taiwán, México, Brasil, Indonesia y Argentina.

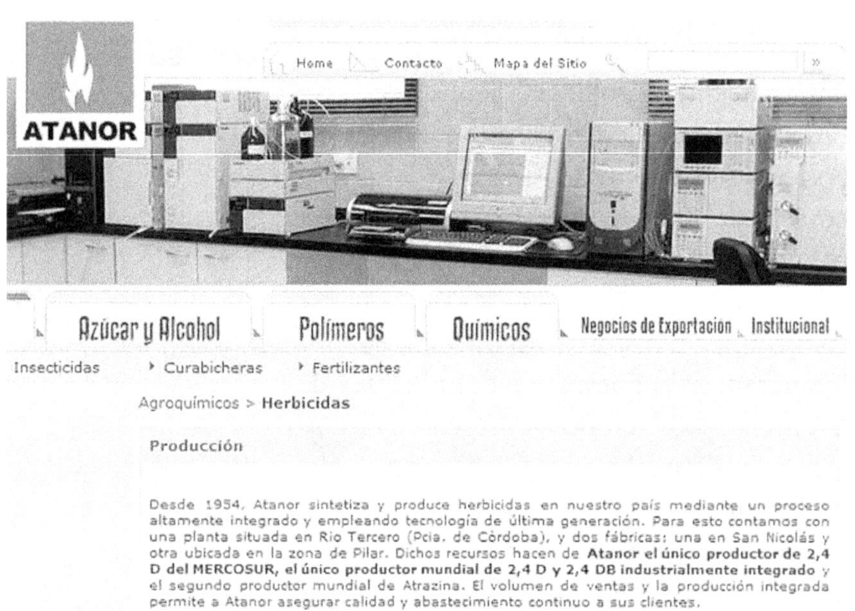

Noruega, Dinamarca y Suecia son algunos de los países que prohíben el uso de 2,4-D. El veto también cuenta para diversas zonas de Estados Unidos y Canadá.

Mientras tanto, la producción de 2,4-D sigue a todo vapor en la Argentina. Su aplicación, sin embargo, ya enfrenta algunas barreras: provincias como Chaco, Tucumán, Santiago del Estero, Entre Ríos o Córdoba, restringieron su uso.

"En Entre Ríos está prohibido, pero eso es lo que dice una ley. Y son pocos los que la cumplen. Acá se sabe que tiran 2,4-D y de otros productos no se tiene idea porque lo cierto es que no se controla nada. Hay que pensar que apenas el 50% de los aparatos aplicadores terrestres que operan en Entre Ríos están declarados. Lo mismo pasa en otras provincias. Los productores hacen lo que quieren con el 2,4-D", aporta Roberto Lescano, médico clínico y especialista en la problemática de las fumigaciones en el centro del territorio entrerriano.

La ausencia de controles lleva a incidentes como el denunciado en noviembre de 2008 en Tornquist, una localidad de casi 8.000 habitantes situada al sur de la provincia de Buenos Aires. En dicho pueblo, ubicado muy cerca de la turística Sierra de la Ventana, se detectó 2,4-D en toda la red de agua potable.[34]

Pese a la gravedad del hecho, nunca se conocieron los responsables del vertido. Y todo concluyó con la Municipalidad de ese distrito distribuyendo agua embotellada hasta que el servicio volvió a la normalidad. En esa zona del mapa bonaerense se sigue utilizando 2,4-D.

De uso expandido a nivel nacional, y como ocurrió con el glifosato, el herbicida en cuestión fue declarado potencialmente cancerígeno por la Agencia Internacional para la Investigación del Cáncer (IARC), ligada a la Organización Mundial de la Salud (OMS), el 22 de junio de 2015.

---

[34] http://goo.gl/cfDmRH

Endosulfan

Otro producto que ganó visibilidad en la Argentina con la aplicación sistemática de agroquímicos sobre los cultivos que expandió el glifosato es el endosulfan.

Desarrollado en la década del 50 por la empresa alemana Bayer –de controvertido rol en el desarrollo de armas químicas para Adolf Hitler, aspecto sobre el cual regresaremos en otros capítulos–, el Servicio Nacional de Sanidad y Calidad Agroalimentaria (SENASA) define al producto de esta manera:

"El endosulfan es un insecticida de uso agrícola para el control, por contacto o ingestión, de una amplia gama de insectos y una variedad de cultivos tales como: alfalfa, algodón, cereales, girasol, lino, maní, maíz, soja, sorgo, etc. Asimismo, tiene acción selectiva para parásitos y predadores de insectos dañinos".[35]

Y agrega: "El endosulfan corresponde, en forma preponderante, a la Clase Ib –producto muy peligroso–, corresponde a una banda de color rojo y la leyenda de TÓXICO en blanco".

En la Argentina, hasta que en julio de 2013 se dejó firme la prohibición de su uso[36], se vertieron de forma anual más de 5,5 millones de litros.

El pesticida mencionado tendrá uno de sus primeros protagonismos trágicos en el ámbito local entre 2001 y 2005 cuando, por insistencia de un grupo de madres que denunciaron la proliferación de casos de cáncer, malformaciones y trastornos respiratorios de diversa índole, se detectó endosulfan en el agua del barrio Ituzaingó, ubicado en la periferia de Córdoba. El caso Ituzaingó tiene capítulo propio en este libro.

Dada la cantidad de críticas y cuestionamientos que, a nivel internacional, recogió el insecticida durante las últimas décadas, Bayer comunicó en 2009 su decisión de retirar el producto del mercado.

---

[35] http://goo.gl/8b1xsv
[36] http://goo.gl/4QkVH4

Alrededor del mundo, los países no esperaron el movimiento de la multinacional para erradicar el químico: cuando Bayer comunicó el fin de la comercialización del producto, ya existían 60 naciones –incluido el bloque de la Unión Europea– que prohibían el uso de endosulfan por generar desde cáncer hasta deformidades congénitas pasando por desórdenes hormonales, parálisis cerebral, epilepsia y problemas en la piel, los ojos y las vías respiratorias, entre otros males.

La Argentina, en cambio, extendió su aplicación hasta julio de 2013. "Junto con la India, la Argentina quedó sola en la defensa del endosulfan. Esto se explica en que la India todavía es, probablemente, el mayor productor del insecticida a nivel mundial, mientras que la Argentina fue su principal consumidor", explica el doctor Medardo Ávila Vázquez.

Y añade: "Los gobiernos de América Latina le pidieron al Estado argentino que deje de usar el producto y, a raíz de esta presión, se terminó acompañando el pedido. Pero como había mucho producto fabricado y disponible a nivel local, el SENASA acordó con la cámara de las empresas de agroquímicos utilizarlo hasta 2013. O sea, se lo habilitó hasta agotar el stock todavía a la venta. Se cuidó el negocio antes que la salud".

Además de Bayer, la comercialización de endosulfan en el país también corrió por cuenta de otros gigantes como DuPont y Nidera.

Pese a que rige un veto, nunca faltan los reportes que dan cuenta de su aplicación incluso tres años después de fijada la normativa de inhabilitación. En julio de 2016, un operativo del Ministerio de Agricultura y Ganadería de la provincia de Córdoba ubicó bidones con el insecticida en plena capital mediterránea.[37]

---

[37] http://bit.ly/2hdgcLX

Atrazina

Detrás del glifosato y el endosulfan, la atrazina aparece como otro de los plaguicidas de amplio uso que acumula acusaciones por sus efectos sobre el medioambiente. Desarrollado en Suiza en 1958, este herbicida desembarcó en la Argentina durante la década del 60 para su aplicación sobre cultivos de maíz, caña de azúcar y sorgo.

Su empleo se incrementó, también, con la ampliación que experimentó la frontera agropecuaria a partir del año 2000, y se estima en alrededor de 6 millones la cantidad de litros que hoy se esparcen sobre el campo argentino.

En provincias como Entre Ríos, se ha detectado sobre las extensiones de soja la aplicación de atrazina en combinación con el glifosato como método para erradicar las malezas que ya desarrollaron resistencias al Roundup.

En el mundo, el químico aparece como uno de los plaguicidas que más ha sido detectado en reservas subterráneas de agua. De ahí que desde 2004 su utilización está prohibida en toda Europa.

Diversos relevamientos concretados en el Viejo Continente comprobaron que la utilización de atrazina afecta la fertilidad de peces, aves y reptiles.

En 2010, el químico fue presa de una controversia internacional producto de un estudio de la universidad estadounidense de Berkeley que comprobó nuevos efectos sobre los anfibios.

La investigación arrojó que cuando los machos de los anfibios –se utilizaron ranas para la muestra– son expuestos a pequeñas cantidades de atrazina, el 75% de ellos queda estéril mientras que un 10% se convierte en hembra.

"En el medio natural, las ranas macho son hermafroditas en su etapa juvenil. En el estudio se comprobó que machos adultos pasaban a ser hembras al entrar en contacto con la atrazina. Ésta, al actuar sobre el sistema endocrino atenúa las hormonas que confieren los caracteres masculinos y, por tanto, permite la expresión reforzada de los valores femeninos. En el trabajo llevado a cabo en laboratorio, los machos auténticos copularon y procrearon con los machos feminizados", detalla un artículo del diario español *El Mundo* que divulgó los resultados del estudio.[38]

"Aunque el experimento se ha llevado a cabo en laboratorio, otros estudios de campo muestran que la atrazina es un disruptor endocrino tan potente que está afectando a las ranas en el medio salvaje y puede posiblemente ser la causa de la disminución de anfibios en todo el mundo", agrega, en otro apartado.

La desaparición de los anfibios también tiene su correlato en la Argentina y la situación, como es de prever, mantiene vínculos directos con el actual modelo de producción agropecuaria. Esta problemática tendrá su lugar en capítulos posteriores.

Entre los comercializadores de atrazina en el país se destacan Syngenta, Nidera —a través de su marca Zamba—, Atanor, Dow y Monsanto, por citar algunos nombres.

---

[38] http://goo.gl/W5NS

Dicamba

"Hay productos mucho peores que el glifosato, pero nadie los nombra. Y son los que muchos están tirando en el campo sin que tampoco se los controle. Uno de esos es el dicamba".

El comentario es obra del médico entrerriano Roberto Lescano.

El dicamba aparece en los Estados Unidos en 1967, pero su mayor comercializador alrededor del mundo es la alemana BASF, otra compañía química vinculada con el nazismo y el desarrollo de armas bacteriológicas durante la Segunda Guerra Mundial.

Además de BASF, otro de sus principales fabricantes es la multinacional de origen suizo Syngenta. El dicamba es utilizado como un refuerzo del glifosato y ya es común que integre las mezclas que se aplican sobre áreas sojeras de Córdoba, Santa Fe o Entre Ríos. Otra vez, su uso responde a la necesidad de los productores de erradicar las plantas que son inmunes al glifosato.

Diversas organizaciones ambientalistas vinculan al dicamba con el Agente Naranja que hizo estragos en Vietnam y afirman que el herbicida también fue pulverizado para acabar con las plantaciones y los escondites del Vietcong.

Distintos artículos[39] reafirman este antecedente y señalan que tras la guerra el producto fue "resucitado a través de la magia de las relaciones públicas".

En febrero de 2013, Monsanto realizó una serie de ensayos en la zona de Monte Cristo, Córdoba. El evento contó con la presencia de productores y técnicos de esa parte de la provincia mediterránea. El objetivo: mostrar la efectividad del herbicida frente a las malezas de hoja ancha que, como se mencionó antes, sortean la toxicidad del glifosato.

¿A qué respondió el interés de la multinacional por exhibir los resultados de la aplicación del químico? A que en ese momento

---

[39] http://goo.gl/uwYNE0

Monsanto ultimaba detalles para la comercialización en la Argentina de una nueva soja modificada genéticamente. La oleaginosa en cuestión incorporaba resistencia al dicamba.

El desarrollo, que la compañía estadounidense bautizó "Xtend", estuvo a un paso de llegar al mercado en el transcurso de 2016.

Si bien la firma ocupó con el producto varias hectáreas bajo su control, a fines de ese año decidió interrumpir los pedidos de autorización comercial elevados al gobierno argentino a la espera de un nuevo marco regulatorio que le asegure el cobro de regalías por derechos de propiedad intelectual sobre la semilla.

Cipermetrina

En lo que hace a insecticidas de uso difundido en el campo local, uno de los químicos que más se menciona en el sector es la cipermetrina, que actúa eliminando todo tipo de plagas –isocas, chinches verdes, pulgones, orugas, polillas, gusanos– de cultivos como alfalfa, algodón, soja, girasol, lino, sorgo, maíz, trigo, cebolla, tomate e, incluso, árboles frutales.

Pero también tiene una aplicación doméstica que muchos desconocen: suele estar presente –aunque en una dosificación leve– en los collares, champús o jabones con los que se bañan a los perros y otras mascotas para aliviarlos de las garrapatas.

La cipermetrina aparece como uno de los desarrollos que, en combinación con otros pesticidas, viene originando casos de polineuropatías tóxicas y trastornos en el sistema nervioso periférico como el denunciado por Fabián Tomasi, ex empleado de una compañía fumigadora de Basabilbaso, provincia de Entre Ríos, y cuyo testimonio está incluido en este libro.

El primer paso para el surgimiento de la cipermetrina, al igual que en muchos de los productos ya mencionados, tiene lugar a fines de la década del 40 y en el contexto posterior a la Segunda Guerra Mundial.

En su libro de 1997, *Introducción a la Toxicología Ambiental*[40], la científica mexicana Lilia Albert, consultora internacional en toxicología ambiental y evaluación de riesgos, explica que la cipermetrina aparece como una suerte de evolución de otro compuesto: la aletrina.

Este primer desarrollo fue descubierto en 1949 en los Estados Unidos por el químico Milton Schechter. Pero su secreto se divulgó de tal manera en el ámbito científico que hay reportes que mencionan a la japonesa Sumimoto Chemical como una de las empresas que comenzó a desarrollar aletrina a partir de 1950.

Un informe[41] de la Organización Panamericana de la Salud (OPS) expone que "la primera vez que se sintetizó la cipermetrina fue en 1974, y la primera vez que se comercializó fue en 1977 como un insecticida piretroide sintético altamente activo que atacaba a un amplio rango de plagas agrícolas, de salud pública, y de cría de animales".

"Sólo se ha descrito un caso de intoxicación en la población general y ninguno durante la exposición ocupacional. Los resultados de los estudios en animales experimentales sugieren que después de una sobre-exposición masiva o ingestión accidental, pudieran ocurrir signos y síntomas neurológicos, por ejemplo, ataxia y convulsiones", señala la OPS en otro apartado del mismo trabajo.

"La cipermetrina es muy tóxica para los peces y las abejas melíferas", expone el organismo por lo que, en el mismo texto, recomienda "evitar la aspersión sobre cuerpos de agua. No contaminar lagunas, cursos de agua o diques con el producto o los envases usados".

En la Argentina, el desarrollo y la comercialización de este químico corre por cuenta de firmas como Atanor –mediante la etiqueta Cipermetrina Atanor 25–, Bayer –con marcas como Sherpa–, Dow –que en productos como el Lorsban Plus combi-

---

[40] http://goo.gl/Uzuiie
[41] http://goo.gl/zSwqle

na cipermetrina con otro insecticida cuestionado, el clorpirifos–, DuPont, Monsanto y Nidera, entre otras.

"En la Argentina hay cuatro productos (cipermetrina, clorpirifos, endosulfan y metamidofos) que son aplicados en el 80 % de las situaciones de control de plagas en cultivos intensivos", reconoce un documento[42] que, con membrete de la química BASF, circula por Internet con la firma del ingeniero agrónomo Daniel Igarzábal, de Serviagro.

En octubre de 2004, la cipermetrina tuvo una aparición fugaz en los medios argentinos cuando la por entonces Secretaría de Industria –recién en 2008 recuperaría su status de ministerio– inició una investigación relativa a la existencia de *dumping* (venta por debajo del costo) en importaciones del insecticida provenientes de la India.

Por aquellos días, un artículo en el diario *El Cronista Comercial* abordaba el incidente de esta manera: "La denuncia, presentada en julio pasado por la compañía Chemotécnica –del grupo del laboratorio Biogénesis, el productor de la vacuna antiaftosa en el país–, tiene una doble relevancia. Por un lado, siembra el primer conflicto entre la Argentina y el país asiático tras el acuerdo de complementación económica firmado a principio de año con el Mercosur. Por otro, lanza sus sospechas sobre proveedores de insumos agropecuarios de la talla de Nidera, Bayer, BASF, Agar Cross –de Dupont– y Atanor, que traen el insecticida del exterior, sea al 95 % (para formular localmente) o al 25 % (listo para la venta)".[43]

Los resultados de este cruce entre privados con aparente intervención del Estado a modo de agente de control nunca fueron revelados. Mientras tanto, el mercado sigue operando sin sobresaltos: en la Argentina se consumen actualmente más de 3,5 millones de litros de cipermetrina por año.

---

[42] http://goo.gl/m28fdP
[43] http://goo.gl/UizsZw

Clorpirifos

Sin embargo, a la hora de abordar los insecticidas de mayor presencia en el agro local, es el clorpirifos el que ocupa con comodidad el primer lugar en lo que hace a la predilección de los productores.

Junto con el dimetoato, el clorpirifos integra el grupo de los plaguicidas organofosforados; esto es, un conjunto de compuestos que, aunque descubiertos durante la primera mitad del siglo XIX, alcanzarán su principal desarrollo en años previos a la Segunda Guerra Mundial como gases neurotóxicos. El uso agrícola de estos químicos llegará después de la contienda.

Gran parte de la evolución de los organofosforados como herramientas de exterminio corrió por cuenta de la Interessen-Gemeinschaft Farbenindustrie AG (IG Farben), un conglomerado alemán conformado en 1925 por compañías como Bayer o BASF.

Con el científico Gerhard Schrader como principal investigador, este grupo de empresas llegó a sintetizar más de 300 organofosforados para uso militar.

Entre otros desarrollos, la IG Farben produjo el insecticida a base de cianuro Zyklon B que, durante la conflagración global, Adolf Hitler utilizó para exterminar a millones de personas en las cámaras de gas del nazismo.

El grupo de empresas que integraron Bayer y BASF también inventó, entre otros, el Tabún, un gas nervioso que mata por paralización del sistema cardiorrespiratorio en menos de 15 minutos, el Soman —descubierto por el austríaco Richard Kuhn, premio Nobel de Química en 1938—, otro agente nervioso, y el Sarín, que aparecería en escena en la guerra Irak-Irán de los años 80 y los atentados terroristas que tuvieron lugar en Japón en 1994 y 1995.

Hijo de esta tradición bélica, el clorpirifos irrumpió de manera comercial en los Estados Unidos a partir de 1965. Su promotor: el gigante Dow, que en un principio orientó su uso al mercado doméstico para la erradicación de pulgas, termitas y cucarachas.

Pero a partir de 2001, y por presión de la agencia ambiental estadounidense EPA, Dow dejó de ofrecer sus marcas Dursban y Lorsban para el control de plagas hogareñas y sólo continúo comercializándolo en el ámbito agropecuario.

Según reportes de diversas asociaciones ambientalistas, la compañía fue multada en 1995 y 2003 por ocultar casi 250 casos de intoxicación con clorpirifos sólo en los Estados Unidos y continuar publicitando al insecticida como producto "seguro".

En la sumatoria de ambas sanciones, Dow culminó desembolsando a modo de pena más de 2,7 millones de dólares.

Ya en 2011, un estudio concretado por la universidad norteamericana de Columbia vinculó al insecticida con numerosos casos de niños afectados con retrasos mentales y físicos en zonas cercanas a Nueva York.

En la Argentina el uso de clorpirifos, según un documento[44] del Ministerio de Salud de la Nación, sólo está prohibido para uso domiciliario a excepción de ciertos cebos matacucarachas. Para la actividad agropecuaria no existe límite vigente hasta el momento.

Los efectos del clorpirifos en el campo se emparentan con los de la cipermetrina. Así, se lo utiliza para el control de plagas de la soja, la alfalfa, el tomate y el girasol, entre otros cultivos.

Un trabajo[45] de la Red de Médicos de Pueblos Fumigados aporta ejemplos de la relevancia del químico para el agro argentino: "Para dar una idea de cuán masivo es el uso de esta clase de insecticidas, podemos citar las cifras que indican cuánto clorpirifos se importa a través de la Aduana de Buenos Aires anualmente. En 2010, entraron 8.650.000 de litros/kilos de este tóxico, un incremento de más del 100 % con respecto a 2006. Estas cifras provienen del sitio web de SENASA", precisa la organización.

[44] http://goo.gl/EJd9io
[45] http://goo.gl/kEOMUN

"Si dividimos la cantidad de clorpirifos importada en 2010 por su dosis letal 50[46] extrapolada a seres humanos, obtenemos el número de 2.633.500.635 dosis, es decir, más de 60 veces la población de la Argentina. Se importa cada año una cantidad suficiente como para eliminar a la Argentina del planeta si cada habitante se expone directamente al mismo", añade.

La disponibilidad del insecticida en la plaza local es copiosa. Como en el caso del glifosato, es posible ubicar ofertas de clorpirifos en portales de comercio electrónico como MercadoLibre.com.[47]

Dow, por ejemplo, comercializa en el país su controvertido Lorsban en distintas formulaciones, como así también la local Chemotécnica a través de la etiqueta Terfos. La alemana BASF –mediante la gama Bester–, Atanor –con Atanor 48–, Monsanto –Equipagro– y Nidera –Zamba–, se destacan dentro de un enorme pelotón que promueve de manera comercial el consumo del químico.

Paraquat y dimetoato

El tramo final de este apartado dedicado a los pesticidas que, en buena medida, permiten explicar la expansión del actual modelo de producción agropecuaria pese a la polémica que rodea a estos productos desde sus respectivas apariciones, lo completan nombres como paraquat y dimetoato.

El primero es el ingrediente activo del gramoxone, uno de los herbicidas que en mayor cantidad produce la europea Syngenta. Prohibido desde 2007 en todos los países de la Unión Europea, el paraquat aparece en su versión comercial en 1961.

Sus impulsores: los laboratorios británicos ICI, mencionados antes por sus aportes al desarrollo del 2,4-D.

Aplicado en combinación con herbicidas como el glifosato, el paraquat aparece como una herramienta vital para el control de

---

[46] Dosis 50: es la concentración promedio utilizada en la agricultura argentina.
[47] https://goo.gl/sPwUfK

las malezas que compiten con la soja por agua, nutrientes y luz en los campos. Igualmente, en la Argentina se lo aplica previo al cultivo de maíz, trigo, algodón, arroz, tomate, alpiste, sorgo, caña de azúcar e, incluso, yerba mate.

Su condición de herbicida no selectivo permite un uso casi ilimitado en momentos en que se prepara la tierra para la posterior siembra. El inconveniente, otra vez, está en su alta toxicidad para los humanos.

Al respecto, un documento[48] de la norteamericana EPA traducido al español brinda detalles del lado oscuro del producto.

"Aunque en los Estados Unidos el paraquat es un pesticida restringido en la mayor parte de sus formas y usos, su utilización generalizada conlleva un gran potencial para los envenenamientos accidentales e intencionales. Durante las últimas décadas, el paraquat ha sido un químico popular utilizado en suicidios...", precisa el texto.

"Cuando se ingiere en una dosificación elevada, el paraquat afecta el tracto gastrointestinal, riñón, hígado, corazón y otros órganos, poniendo en riesgo la vida. Los pulmones son el primer blanco del paraquat, y los efectos pulmonares representan la manifestación más letal y menos tratable de la toxicidad", continúa.

El trabajo detalla los inconvenientes derivados del contacto del herbicida con la piel.

"El daño dérmico local incluye dermatitis por contacto. El contacto prolongado producirá eritema, aparición de ampollas, abrasión y ulceración, además de cambios en las uñas de las manos. Aunque la absorción a través de la piel intacta es lenta, cuando ésta se encuentra lacerada o erosionada la absorción es muy eficiente", expone.

"Las señales dérmicas son comunes entre los trabajadores agrícolas con toxicidad aguda de paraquat. El paraquat en forma con-

---

centrada causa lesiones localizadas a los tejidos con los que entra en contacto. Se han informado envenenamientos con fatalidad como resultado de contaminación dérmica extensa por paraquat, pero lo más probable es que una absorción sistémica eficiente ocurra cuando la piel está lesionada, corroída o enferma. Cuando el paraquat encuentra una barrera dérmica intacta, deja la piel de las manos seca y agrietada, y puede causar ondas horizontales en las uñas e incluso, algunas veces, provoca la caída de las mismas. El contacto prolongado con la piel puede causar suficiente ulceración y abrasión como para permitir la absorción sistémica", sigue.

Para luego destacar: "En adición, algunos trabajadores agrícolas podrían exponerse a través de la inhalación prolongada de gotitas de aerosol y desarrollar hemorragia nasal debido al daño local".

En la Argentina se vierten de forma anual más de 1,5 millones de litros de paraquat, con epicentro en aquellas zonas en las que se cultiva soja.

Pese a que concentra la oferta local del producto, por el momento Syngenta sólo fabrica el herbicida en Gran Bretaña y China.

Precisamente en el gigante asiático se concentra el grueso de los fabricantes de este plaguicida. Baofeng, CAC, Luba, Redsun, Sanonda, Sinon, Taoyuan, Xianlong y Yongnong, son algunas de las compañías que lo elaboran.

En tanto, el dimetoato es otro insecticida organofosforado e hizo su aparición en el mercado en 1955 bajo una gama de productos desarrollados por la estadounidense American Cyanamid.

A partir de la década 70 el lanzamiento de compuestos a base de dimetoato se expandió, y en términos de producción, aparecieron compañías como la danesa Cheminova[49] que incentivaron aún más el uso del plaguicida.

Precisamente Cheminova remarca en sus comunicaciones que opera con subsidiarias en la Argentina. El dimetoato es utilizado

---

[49] http://goo.gl/NRfXR5

por los productores de soja para controlar plagas como la arañuela roja, que suele atacar a la oleaginosa en épocas de sequía.

Pero también es cada vez más frecuente la aplicación del insecticida sobre cultivos de tabaco, caña de azúcar, los cereales en general, yerba mate, plantaciones de frutales y hortalizas y algodón.

Prohibido en Estados Unidos, Australia y la Unión Europea, este químico es considerado por la EPA como causal de trastornos reproductivos, malformaciones y distintos tipos de cáncer. En 2010, un estudio[50] concretado en Sri Lanka por Andrew Dawson, científico de la Universidad de Sidney, Australia, ubicó al dimetoato como uno de los compuestos con mayor presencia en casos de suicidio.

En ese país asiático, de acuerdo al relevamiento de Dawson –divulgado en la Argentina por la Red Universitaria de Ambiente y Salud[51]– en 2010 se detectaron 172 suicidas que fallecieron por los efectos del insecticida.

A nivel local, la aplicación de dimetoato se realiza sin ningún tipo de restricción y a precios muy baratos: a fines de 2016 el litro de insecticida costaba poco más de 400 pesos.

En la Argentina, los principales comercializadores de este plaguicida son Monsanto, bajo la etiqueta Equipagro, BASF, con Perfekthion S, y Atanor, que promueve su marca Sistémico Atanor CE.

---

[50] http://goo.gl/txl9VP
[51] http://goo.gl/okpRNP

"Hoy ya es común que se haga soja desde la playa de Punta del Este. Con algunas llamadas que se hagan con el celular basta y sobra. El proceso es sencillo y ni siquiera necesitás poner gente propia a trabajar. Ahora todo está tercerizado. Simplemente lo hacés dando órdenes precisas. Hay empresas que se ocupan de todo, hasta de cosecharte".

El preocupante comentario proviene de un productor de Villaguay, una ciudad de poco más de 30.000 habitantes enclavada en el centro de la provincia de Entre Ríos. Sólo en esa zona, aportará el entrevistado a principios de 2013, se siembran más de 35.000 hectáreas de soja. Transgénica, claro.

Para dialogar exigirá la misma condición que otros tantos: anonimato. En este caso, parcial.

"El que vive en Buenos Aires no sabe lo que es salir a decir ciertas cosas en los pueblos. Mañana vas al almacén y te encontrás con el mismo tipo que estuviste denunciando por cometer alguna barbaridad. Y ni hablar si tenés chicos. Ahí la gente de la que hablaste te hace sentir el rigor de otra manera", explica.

Permitirá que se mencione su nombre: Guillermo. Y antes de explicar la relación entre soja, celulares y Punta del Este, acercará una aclaración contundente: "Mi caso es casi una rareza en Entre Ríos. Prácticamente no quedan productores locales pequeños o medianos. La tierra la usan empresas de afuera y los pocos que operan acá por lo general siembran o fumigan contratando empresas de otros lados".

En Entre Ríos, de un total de 2 millones de hectáreas de suelo apto para la agricultura, el cultivo de soja ocupa casi 1,3 millones.

O sea, prácticamente dos de cada tres hectáreas del agro entrerriano son destinadas a la oleaginosa.

Pero más allá de este despliegue incontenible, lo que sorprende es lo simple del método de cultivar soja. Todo esto, herencia del modelo que combina siembra directa con semillas transgénicas y agroquímicos.

El testimonio de Guillermo es clave a la hora de desentrañar esta estructura productiva. Y abre la discusión respecto de otra consecuencia derivada de una modalidad que alcanzó su máxima expansión durante los gobiernos de Néstor Kirchner y Cristina Fernández: la pérdida de puestos de trabajo en el campo.

Porque hacer soja, como dicen los productores, no sólo es sencillo: también es muy barato.

Así, y aunque los valores oscilan según la provincia y las características de la superficie dedicada a este cultivo en particular, generar una hectárea de soja demanda una inversión promedio de 250 dólares entre semillas, productos químicos y mano de obra.

Si, en cambio, lo que se decide cultivar es maíz, el costo es hasta un 50 % más elevado.

El rendimiento de la planta está muy por encima del desembolso que requiere su producción: cada hectárea, según datos de la última cosecha, promedia las 3 toneladas de soja. A fines de enero de 2016, el precio internacional de la tonelada superó la marca de los 380 dólares.

La cuenta es sencilla: en términos monetarios, aunque sin evaluar retenciones oficiales y gastos como el flete o costos de igual índole, la hectárea de soja en la Argentina asegura una ganancia bruta superior a los 1.394 dólares.

De acuerdo a un estudio[52] de la Bolsa de Comercio de Rosario, "de esa torta de 1.394 u$s/ha., cerca de 602 se los apropian los distintos gobiernos a través de los siguientes impuestos: derechos

---

[52] http://bit.ly/2hxfk7G

de exportación, impuesto a las ganancias, impuesto a la ganancia mínima presunta, impuesto a los bienes personales, impuesto a los débitos y créditos bancarios, la tasa vial o de mejora de caminos, impuesto de sellos, impuesto inmobiliario provincial e impuesto de sellos".

Y añade: "Esto significa que los Estados se quedan con el 43 % de esa torta. El 57 % restante se distribuye entre lo que le toca al productor y lo que recibirán los proveedores de insumos, contratistas, transportistas, acopios, corredores, etc. La presión tributaria en soja de primera sigue siendo alta, teniendo en cuenta que es el único cultivo que se realiza en ese campo a lo largo del año".

La organización señala que, tras deducir impuestos y costos, el productor se alza con el 18 % del monto bruto. Esto es, algo más de 250 dólares limpios. Multiplicado por 1.000 hectáreas –tamaño mínimo que explotan los denominados pooles de siembra en provincias como Santa Fe o Entre Ríos–, el resultado es sustancioso: 250.000 dólares.

Por supuesto, el número puede variar.

De acuerdo a un informe del Instituto de Estudo do Comércio e Negociacoes Internacionais de Brasil, en distritos provinciales como Santiago del Estero, Salta o Chaco, el promedio de superficie bajo el control de un único dueño promedia las 5.000 hectáreas.[53]

Volcado a la cuenta anterior, aquí la ganancia concreta es de un millón doscientos cincuenta mil dólares. Trasladado a moneda argentina, si se toma como parámetro el cambio oficial –a diciembre de 2016, del orden de los 16,2 pesos–, esto implica alzarse con 20,2 millones de pesos por cosecha.

Pero estos números, más allá de su tenor, nada dicen de la practicidad de cultivar soja.

Todo el proceso de producción de la oleaginosa, señala el productor consultado, demanda un lapso de alrededor de cuatro me-

---

[53] http://goo.gl/ufLdBn

ses. Pero de ese tiempo, apenas se requieren catorce días de trabajo intensivo para comenzar a disfrutar de las regalías.

El doctor Medardo Ávila Vázquez nos detalló cómo es el trabajo: "De esos catorce días de labor, el productor utilizará uno para sembrar, doce para fumigar, y uno para cosechar. Sólo se necesita el trabajo de un solo peón para hacer unas 100 hectáreas. De toda la actividad vinculada con la producción agraria que se realiza en este momento, el 95 % consiste en echarle herbicidas, insecticidas y otros químicos a los campos", precisó.

Guillermo, el productor entrerriano que accedió a dialogar con nosotros, llevó el trabajo del empleado de campo a otro extremo: "Utilizás un solo peón para 100 hectáreas si tenés muy poca maquinaria. Contando con lo último en sembradoras, aparatos de fumigación terrestre –en la jerga, 'mosquitos' o 'arañas'–, y los servicios de alguna avioneta, entre otras ventajas, tranquilamente podés hacer 1.000 hectáreas con una sola persona. De hecho, así es como se produce en los campos de miles de hectáreas en provincias como esta", aseveró.

¿Cómo es el proceso de producción de soja? Guillermo aportó nuevas precisiones. "Normalmente, después de cualquier cosecha se requieren hasta tres meses para volver a sembrar en la misma tierra. Con el proceso de siembra directa, ese tiempo se redujo a entre quince y veinte días", explicó.

"Lo primero que se hace es pulverizar el campo con glifosato y 2,4-D para preparar la tierra. Con pulverizar una vez, basta. Luego, se esperan unos veinte días. Lo siguiente es directamente sembrar. Con máquinas grandes, de hasta 6 metros de ancho, 100 hectáreas se pueden completar en menos de un día", continuó.

"Por lo general se da que hay déficit de nutrientes en la tierra. Bueno, eso no es inconveniente porque con la maquinaria de hoy al mismo tiempo que se coloca la semilla la sembradora va echando fertilizante. Por lo general, lo que se agrega es fósforo y nitrógeno. Antes y luego de la siembra es común que se aplique algún insecticida como el clorpirifos para eliminar cualquier bicho", agregó.

"Después, lo que queda es controlar que no crezcan malezas. Se echa Roundup, o sea el glifosato, cada determinada cantidad de días para eliminar los yuyos que compiten con la soja por el agua, la luz y los nutrientes. Como la soja al ser transgénica resiste el glifosato, no hay problema en repetir las pulverizaciones", destacó el productor.

El entrevistado aclaró que no sólo se cuidará con glifosato a la soja en crecimiento.

"Siempre hay que tirar más insecticida. El ciclo de la soja comienza en octubre y, si no tenés grandes inconvenientes, para marzo ya estás con la cosecha levantada. Y eso es todo. Prácticamente no necesitás mano de obra. El mismo peón que fumiga también puede sembrar y cosechar. En eso, la tecnología ha simplificado todo el proceso", concluyó.

Medardo Ávila Vázquez volvió sobre el promedio de pulverizaciones que se dan en los cuatro meses que se demora en producir soja.

"Es raro que baje de 12 aplicaciones. A veces incluso se hacen más porque aparecen más insectos u otras malezas. De hecho, como las hierbas que compiten con la soja están desarrollando resistencias naturales al glifosato, ahora se tira más herbicida que antes. En 1996, el INTA (Instituto Nacional de Tecnología Agropecuaria) recomendaba echar hasta 3 litros por hectárea. Ahora se tiran hasta 15", resaltó.

"Para hacer esto, hasta se modificaron los picos de las máquinas o aviones que fumigan. Antes tiraban 1,5 litros por pasada. Ahora están en el orden de los 2 litros. Y el tema no es sólo ese: los aviones ya ni siquiera cierran los picos cuando completan la pasada sobre el campo. Siguen de largo para dar la vuelta y en su camino fumigan todo lo que encuentran: casas, animales, personas", dijo.

La erradicación de puestos de trabajo es una de las particularidades recurrentes al momento de evaluar por qué es tan rentable cultivar soja.

La relevancia de este punto, hoy extinto en cualquier pronunciamiento oficial, fue abordada incluso por el INTA en varias ocasiones.

Por poner un caso, la problemática dice presente en un boletín informativo, la Actualización Técnica N°69, cuyo título principal anticipa, certero, el contenido: Evolución del sistema productivo agropecuario argentino.[54]

El texto reconoce sin eufemismos los efectos de la siembra directa y el cultivo de soja en la generación de empleo dentro del sector agropecuario.

"Argentina ha crecido en la producción de granos en los últimos 18 años a razón de 3,4 M/toneladas/año –millones de toneladas anuales–, llegando al 81% de adopción de la siembra directa. Gran parte de este aumento productivo se dio por la generación y adopción de nuevas tecnologías, pero paralelamente 6 a 7 M/ha dedicadas a la producción pecuaria (ganado) pasaron a la agricultura. Esto generó menos trabajo/ha –trabajo por hectárea–, ya que por ejemplo, tranqueras adentro, la producción lechera demanda 16 veces más trabajo por hectárea que la producción de soja, acrecentándose más esta diferencia tranqueras afuera", expone en uno de sus apartados.

"Hoy un pool de siembra produce soja empleando sólo 1,6 hs/hombre/ha/año –horas hombre por hectárea en un año– y maíz con 2 hs hombre/ha/año. Eso marca un parámetro de demanda laboral promedio 4 veces inferior al promedio empleado hace 12 años atrás", grafica.

El informe del INTA destaca que "un productor de 200 hectáreas –tradicional, por lo general encargado de cultivar su tie-

---

[54] http://goo.gl/6BQO4q

rra– tiene que competir con alguien que emplea 320 hs/año para trabajar su campo”.

En otro tramo del boletín, el organismo dependiente del Ministerio de Agricultura, Ganadería, Pesca y Alimentos expone un argumento lapidario:

“Algunos ejemplos de agregado de valor y generación de puestos de trabajo indican que la producción de soja genera hoy en Argentina 1 puesto de trabajo cada 100 ha –hectáreas–, mientras que el promedio de las producciones primarias de proteína vegetal transformada en proteína animal (Carne Bovina, Leche, Cerdo, Pollo) generan en promedio 9 puestos de trabajo cada 100 ha”.

“El principal cultivo producido y exportado por la Argentina es la soja y es el que menos puestos de trabajo directos genera por hectárea (alta competitividad)...”, reconoce el INTA, antes de exponer un comparativo elaborado por la Comisión Económica para América Latina y el Caribe (CEPAL):

De un reciente trabajo de CEPAL se desprenden la siguiente información:

	CAA SOJA	CAA de Producción Animal Bovina (Carne + Leche), Porcina, Aviar (Huevo + Carne).
% del valor de exportaciones agroalimentarias totales	51%	12%
% de superficie ocupada en hectáreas del área de siembra anual	56%	18,2%
Puestos de trabajo totales de la CAA	193.994	537.474
% del total de puestos de trabajo directos	10,3%	28,5%

Dato: La riqueza generada por la soja genera trabajos indirectos por mayor consumo y mayores gastos en la comunidad que en este cuadro no están expresados.

Ya a modo de cuenta pendiente, el boletín del INTA concluye: “Queda evidente que en la Argentina la CAA de soja en los próximos 10 años debe evolucionar en su sustentabilidad, mejorando su secuencia de cultivos en rotaciones anuales con cultivos gramíneas, debe reponer los nutrientes que extraen los granos, que hoy está solo en un 14%, debe también mejorar sustancialmente la mano de obra por hectárea generada en origen, dado que hoy es por lejos el cultivo menos demandante de horas/hombre/ha".

Guillermo Neiman, investigador del Instituto CEIL perteneciente al CONICET, expuso más detalles de lo que sucede con el empleo agrario en un artículo[55] publicado en el diario *Página 12*.

"Por ejemplo, en base a una tecnología media, el empleo directo generado por una hectárea de soja es de 4 horas al año mientras que la caña de azúcar en Tucumán o el algodón en Chaco insumen aproximadamente 150 horas por hectárea/año y puede llegar a las 250 horas en el caso del olivo en Catamarca", precisó.

"O sea que cada dos hectáreas de algodón que son sustituidas por soja se pierde un puesto de trabajo directo o, dicho de otra manera, se necesitan 40 hectáreas de soja para equilibrar la pérdida de empleo que se genera cuando sale de la producción una hectárea de algodón", agregó.

Roberto Lescano es médico clínico. Ejerce su profesión en la localidad de Basabilbaso, Entre Ríos, y con los años se ha transformado en un especialista en las consecuencias del avance de la siembra directa y el cultivo de transgénicos en la zona central de esa provincia.

No tiene inconvenientes en aportar algunas consideraciones sobre lo que sucede en ese distrito de alrededor de 10.000 habitantes y signado por la producción de, principalmente, soja y maíz.

"Antes de la llegada de la soja, acá se vivía de producir arroz, trigo, lino. Ahora si encontrás 10 hectáreas sembradas con lino les tenés que sacar una foto. Es toda una rareza. Con el arroz pasó lo mismo, y terminó relegado a otras zonas mucho más chicas. Hace 10 años acá estábamos rodeados de arroceras. Ahora todo es siembra directa y soja. La excepción son uno o dos productores que se dedican al mijo o el alpiste", cuenta.

---

[55] http://goo.gl/TYHPjI

¿Qué sucede con la producción desde que se instaló la oleaginosa? "Hay que hablar de una expulsión de la gente de los campos. Se ocupa menos peones y también se perdió el cultivo que hacía el productor tradicional, el chacarero. Hoy el 60% de la superficie de Entre Ríos está arrendada a pooles de siembra. Y estas empresas o capitales ni siquiera conocen los campos que arriendan", destaca Lescano.

"A la gente que antes trabajaba en los campos se les paga y terminan yéndose a los pueblos o a las ciudades con sus familias. Terminan viviendo en las orillas de los lugares grandes. Un reflejo de esto se ve en las matrículas de las escuelas rurales, que no dejan de bajar. Cada vez hay menos chicos viviendo en los campos", asegura.

En sintonía con estos dichos, el texto del INTA antes mencionado repara en el menor crecimiento demográfico que muestran las provincias en las que se cultiva soja. En el resto de los distritos provinciales ocurre exactamente lo contrario.

"El desplazamiento de la gente va de la mano con lo que permite este modelo de producción. Ya ni siquiera hay que estar en el lugar físico para hacer la diferencia económica. Por eso es que digo que se puede hacer soja desde Punta del Este. El empresario necesita nada más que tener señal en el celular y los contactos para hacer todo a través de terceros. Así funciona, y cada vez mejor", reafirma Guillermo, el productor de Villaguay que disparó este capítulo.

¿Hay alternativa para cambiar este escenario? "En lo inmediato, para nada. Los mismos que se benefician lo van profundizando, haciéndolo mejor. Y los otros, los que pierden con todo esto, de a poco se están resignando", concluye.

Las empresas que ganan

A tono con la decisión política de incentivar el uso de plaguicidas en la Argentina, la expansión de las fumigaciones y el empleo de productos cada vez más potentes se asienta también en el desempeño de un grupo de empresas que, con aval gubernamental, desde mediados de los años 90 a esta parte no ha hecho más que beneficiarse con las políticas agropecuarias implementadas.

Estas compañías, protagonistas del cambio en los modos de producción de alimentos que se viene dando en las últimas décadas, reúnen una serie de antecedentes negativos que, a contramano de lo que sucede a nivel local, les han reportado un sinnúmero de controles y vetos en diferentes países alrededor del mundo.

Nombres como Monsanto, Bayer, BASF, DuPont, Syngenta, Nidera o Dow, por citar algunas de las empresas con mayor injerencia en el desarrollo y la comercialización de agroquímicos y semillas transgénicas, acumulan controversias en sus respectivas genéticas.

Y llegan a nuestros días con un derrotero histórico que bien merece ser repasado.

A este pelotón merece sumársele un representante local —aunque desde hace pocos años controlada por capitales foráneos—, también protagonista de polémicas: Atanor, que entre otros productos desarrolla 2,4-D, glifosato, cipermetrina y clorpirifos en sus plantas de Pilar, Río Tercero y San Nicolás.

Monsanto

Fundada en 1901 por John Francis Queeny y con sede central en Saint Louis, en el estado de Missouri, esta empresa estadounidense debe su nombre a uno de los apellidos de la esposa –Olga Méndez Monsanto– del creador de la corporación.

La historia de la firma en cuestión está signada por los conflictos de intereses, las denuncias y las contiendas judiciales. Una evolución que le ha permitido a Monsanto llegar hasta la actualidad con una facturación anual superior a los 15.000 millones de dólares, y el control de alrededor del 85 % del mercado mundial de semillas transgénicas.

El gigante en cuestión dio sus primeros pasos en el ámbito industrial con la distribución de sacarina y el desarrollo de edulcorantes para Coca Cola. Hacia 1920, Monsanto comenzó a hacer pie en el mundo de la química con el desarrollo de ácido sulfúrico y la producción de todo tipo de plásticos y fibras sintéticas.

A fines de esa década, detalla Brian Tokar, director del Instituto de Ecología Social de la universidad de Vermont, en su libro *Monsanto: una historia en entredicho*[56], la Swann Chemical Company, una firma adquirida luego por Monsanto, comienza a desarrollar los policlorobifenilos –más conocidos como PCB– que pasarán a integrar millones de transformadores eléctricos.

Investigaciones concretadas ya en los años 60 y 70 demostrarán que los PCB son unos de los compuestos más cancerígenos del mundo. Y se comenzará a bregar por una interrupción en el desarrollo de esta tecnología que Estados Unidos recién abandonará en 1976.

Para entonces, el nivel de producción de PCB alcanzado por Monsanto promediaba las 600.000 toneladas anuales. Y, en compañía de firmas alemanas, la multinacional ya ostentaba una posi-

---

[56] http://goo.gl/UA7Ccr

ción dominante en lo referente a productos para el mercado energético.

De retorno a los primeros años en la vida de Monsanto, durante la década del 30, la empresa profundizó su crecimiento con la compra de tres compañías químicas. Entre éstas, en 1936, la empresa pasó a controlar Thomas & Hochwalt Laboratories, una firma originaria de Dayton, Ohio.

Uno de los talentos destacados de los laboratorios incorporados a la cartera de negocios de Monsanto fue Charles Allen Thomas, un químico de Kentucky quien, tras desempeñar funciones en General Motors, pasó a trabajar para la creadora del glifosato hasta su retiro en 1970.

En ese lapso dentro de Monsanto, Thomas se hizo espacio para desarrollar una tarea especial entre 1943 y 1945: la purificación y producción del plutonio que requirió el Proyecto Manhattan, el plan de desarrollo de bombas nucleares que Estados Unidos puso en marcha durante la Segunda Guerra Mundial.

También durante aquellos años, más específicamente en 1944, Monsanto y otras quince compañías del sector químico norteamericano iniciaron, con la excusa de exterminar al mosquito que transmite la malaria, la producción del insecticida DDT.

La alta toxicidad del DDT, que no sólo es capaz de matar en muy pocos minutos a insectos, sino también a peces, aves y mamíferos, además de tener efectos nefastos sobre el sistema nervioso central y el funcionamiento hepático de los individuos expuestos al veneno, derivó en sucesivas prohibiciones que, a nivel mundial, menguaron el uso del plaguicida a partir de los años 70.

El desembarco de Monsanto en la Argentina hay que ubicarlo en 1956, año en que la firma inaugura una planta productora de plástico en Zárate, provincia de Buenos Aires.[57]

---

[57] http://goo.gl/JdIfW9

Es a partir de 1960 que la compañía expande su largo camino sembrado de cuestionamientos: como hemos señalado en capítulos anteriores, Monsanto, junto con otros grandes jugadores de la industria química estadounidense como Dow, vuelve a unirse al aparato militar norteamericano para desarrollar el Agente Naranja que luego será fumigado durante nueve años sobre las selvas de Vietnam. Dicho compuesto, que combinaba mayormente el poder de los plaguicidas 2,4-D y 2,4,5-T, fue rociado durante la contienda para erradicar desde los refugios subterráneos del Vietcong hasta los cultivos de arroz que generaban los alimentos que consumía la guerrilla comunista.

Los efectos del Agente Naranja resultaron tan cruentos que incluso más de 15.000 veteranos de guerra estadounidenses demandaron a Monsanto y a Dow, entre otras compañías, por las consecuencias de haber estado en contacto con el producto.

Según detalla un artículo del periodista argentino Darío Aranda[58], que retoma la investigación de Tokar, "en 1984 se alcanzó uno de los primeros acuerdos de indemnización por valor de 180 millones de dólares entre siete compañías químicas y los abogados de los veteranos de guerra, el juez ordenó a Monsanto pagar el 45,5 por ciento del total".

El siguiente mojón en la historia del gigante hay que ubicarlo en 1976, año en que la compañía inicia la comercialización del herbicida glifosato bajo la etiqueta Roundup. Ahí comienza una metamorfosis en la estrategia de negocios de la firma que habrá de situarla a la cabeza de la producción de biotecnología a partir de 1980.

Como se expresó en páginas anteriores, en 1983 la Agencia de Protección Ambiental estadounidense (EPA, por sus siglas en inglés) acusó al Industrial Biotest Laboratories (IBT) de errores y deficiencias en los estudios que derivaron en la aprobación del glifosato como producto comercial. Algo similar ocurrió en 1991,

---

[58] http://goo.gl/mVvtmH

aunque en esa ocasión el centro de pruebas cuestionado fue el Craven Laboratories, que mostró imprecisiones a la hora de testear el Roundup de Monsanto.

Ya en 2007, la multinacional fue declarada culpable por un tribunal de Lyon, Francia, de divulgar publicidad engañosa al presentar al Roundup como biodegradable y, en simultáneo, alegar que el herbicida respeta el medioambiente además de dejar el suelo sin ningún tipo de toxinas.

Antes de esta condena, Monsanto ocupó nuevamente el centro de la polémica con la presentación en sociedad, en 1994, de otro producto hasta hoy discutido: la hormona de crecimiento bovino, comercializada bajo la etiqueta Posilac.

¿En qué consiste Posilac? Como bien lo detalla la periodista francesa Marie Monique Robien en su documental de 2008 *Le monde selon Monsanto* (El mundo según Monsanto)[59], se trata de "una hormona transgénica que se les inyecta a las vacas para aumentar su producción de leche un 20 %".

La evolución del producto para el crecimiento bovino desarrollado por la multinacional está signada, otra vez, por las irregularidades.

En 1995, de acuerdo a *Le monde selon Monsanto*, la firma presentó ante el organismo que regula la comercialización de alimentos y medicamentos en Estados Unidos, la FDA, un expediente con el fin de obtener la autorización para ofrecer Posilac en el mercado norteamericano. Richard Burroughs, uno de los especialistas que analizó la información aportada por Monsanto, denunciará la existencia de argumentos manipulados o directamente omitidos.

"Los datos científicos que mandó la empresa no tomaban en cuenta las necesidades de las productoras de leche. O sea, dejaba fuera temas clave como la enfermedad de la mamitis, que es una infección en las ubres, o los problemas de reproducción. Cuando

---

[59] http://goo.gl/GqQdk

me di cuenta de que faltaba esa información, les dije (a los científicos de Monsanto) que tenían que juntar más datos. Eso los atrasó por dos o tres años", relata Burroughs en el documental.

La posición de Burroughs dio paso a un final previsible: por presiones de la compañía, la FDA prescindirá de sus servicios. "Los abogados de Monsanto me amenazaron. Cuando llevé mi caso a la Justicia le dijeron a mi defensor que me demandarían si, para mi defensa, revelaba secretos de la empresa", asegura en la cinta el veterinario.

Por supuesto, Monsanto terminará alzándose con el aval de la FDA para colocar Posilac en el mercado estadounidense. Sin embargo, el producto cosechará bloqueos en Canadá, la Unión Europea, Australia, Nueva Zelanda y Japón.

¿Qué sucede en la Argentina? El uso y la comercialización de la hormona de crecimiento bovino, por fortuna, también se encuentra prohibido.

Los motivos que derivaron en estas oposiciones al desarrollo de Monsanto parten, en gran medida, de incidentes como el protagonizado por el doctor Samuel Epstein, catedrático de la Universidad de Illinois, y el periodista Peter Hardin, director del periódico especializado en el sector lácteo *The Milkweed*.

A mediados de la década del 90, Epstein y Hardin recibieron en sus oficinas, de manos anónimas, sendas cajas repletas de documentación confidencial de la propia Monsanto en la que la misma compañía repasaba los efectos negativos que provoca la aplicación de Posilac.

En *Le monde selon Monsanto*, Hardin declara que "se pudo demostrar que los cambios fisiológicos observados en los animales inyectados con la hormona eran dramáticos. Además, los archivos robados muestran que hay graves problemas de reproducción en los animales que fueron tratados".

Epstein, en tanto, expuso que en las vacas sometidas a Posilac se detectó "mamitis y pus en la sangre. Además, el tratamiento que luego se les aplicó a esos animales por la misma mamitis derivó en el uso de antibióticos que más tarde fueron detectados en grandes cantidades en la leche".

"Finalmente, se observó en esas vacas un aumento importante de lo que se llama IGF-1, esto es, un factor de crecimiento insulínico. En los años 80, unos 60 estudios demostraron que existe un vínculo directo entre el IGF-1 elevado y los cánceres de mama, colon y próstata", aseguró el catedrático.

La sumatoria de todos los eventos relatados hasta el momento echa una poderosa luz sobre una de las multinacionales con mayor poder y proyección en todo el planeta. Un gigante cuyo campo de acción es el mundo y cuyo territorio, a veces imposible de delimitar, también incluye a la Argentina.

En esa dirección, y como se apuntó antes, Monsanto puso su primer pie en el país en 1956 con la inauguración de una planta para la producción de plásticos en Zárate, provincia de Buenos Aires.

La Web institucional de la compañía detalla que ya en 1978 la creadora del Roundup puso en marcha una segunda planta, en este caso acondicionadora de semillas híbridas de girasol, en la ciudad bonaerense de Pergamino.

A comienzos de la década del 90 la firma dio un nuevo paso en su avance en la Argentina con la conformación de una alianza estratégica con Petroquímica Argentina SA (PASA). Esta unión le permitió sumar mayor capacidad y logística en el desarrollo y la comercialización de resinas industriales.

Ya en 1994, Monsanto inaugura instalaciones para el acondicionamiento de híbridos de maíz en la localidad de Rojas, provincia de Buenos Aires.

Pero el gran hito en la evolución de los negocios de la multinacional en la Argentina tendrá lugar en 1996, con la ya expuesta aprobación por parte de la Secretaría de Agricultura que encabezaba Felipe Solá, tanto de la soja transgénica que produce Monsanto como del herbicida que aniquila a la competencia natural de la oleaginosa: el glifosato Roundup.

El Gobierno argentino continuó enviando señales positivas a la compañía: en 1998 Monsanto obtuvo el permiso oficial para comercializar en el mercado agrario local productos modificados genéticamente de maíz y algodón.

A estos transgénicos se sumó, en 2001, la habilitación oficial para que la firma ofrezca también una semilla de algodón dotada con resistencia al glifosato. Antes, a fines del 2000, abrió sus puertas una estación experimental que, ubicada en Camet, muy cerca de Mar del Plata, le permitió a la empresa avanzar con la investigación para el desarrollo de nuevos híbridos de maíz y girasol.

Pese al guiño gubernamental que alentaba todos los movimientos de Monsanto, a partir de 2001 estalló un conflicto: la compañía comenzó a exigir –primero de forma solapada, luego sin eufemismos y en todos los tribunales a su alcance– el pago de regalías por el uso de la soja transgénica que la firma había desarrollado.

En esa disputa, que hasta el momento representa el único cruce hostil entre el gigante estadounidense y el Gobierno argentino, Monsanto reclamó al sector agrícola desembolsos millonarios por el uso de semillas provenientes de cosechas basadas en la siembra del producto de la empresa.

El conflicto llegó a su punto más caliente ya en los tiempos del kirchnerismo al frente del Ejecutivo nacional. Entre 2005 y 2006, la compañía comenzó a frenar barcos cargados con harina de soja argentina en diferentes puertos europeos[60].

En simultáneo, Monsanto inició demandas contra el país en España, Gran Bretaña, Holanda y Dinamarca, entre otros estados.

¿Cómo concluyó este enfrentamiento? Con final abierto por el lado de las regalías.

---

[60] http://goo.gl/bNnqDQ

Si bien la administración liderada entonces por Néstor Kirchner rechazó los pagos exigidos por Monsanto, el Gobierno nacional comenzó a gestar para el sector agrario una nueva "Ley de Semillas" que, motorizada con más fuerza a partir de la gestión de Cristina Fernández en la Presidencia, precisamente apuntaba a defender el derecho intelectual de los productores de transgénicos.

La norma en cuestión nunca llegó a ser aprobada durante los años del kirchnerismo y, aunque el lobby de los dueños de las semillas en la Argentina se intensificó durante los primeros meses de la gestión de Mauricio Macri, lo real es que no habrá novedades al respecto al menos hasta mediados de 2017.

Más allá de la postura discursiva de cargar contra el capital transnacional, los gobiernos de Néstor Kirchner y Cristina Fernández fueron suelo fértil para los negocios de Monsanto en la escena local.

Por citar un ejemplo, vale la pena mencionar que en agosto de 2007 la firma recibió el aval para iniciar la venta de una evolución de su maíz transgénico, mientras que en 2009 la comercialización de algodón modificado genéticamente volvió a recibir el apoyo oficial.

A partir de 2010, Monsanto inició la colocación de otra generación de maíz transgénico, pero fue en 2012 donde quedaron expuestas las renovadas relaciones tejidas entre el kirchnerismo y la multinacional tras la pelea por el pago de regalías.

En junio de ese año, en Nueva York, Cristina Fernández anunció la instalación, por parte de la compañía, de una planta de producción de maíz transgénico en la localidad de Malvinas Argentinas, provincia de Córdoba.[61]

El desarrollo de ese proyecto, que comenzó a tomar forma a partir de 2013 pese a la oposición del grueso de los pobladores de

____

[61] http://goo.gl/KfAopN

Malvinas Argentinas, contemplaba una inversión de más de 1.600 millones de pesos a desarrollar a lo largo de seis años.

Precisamente desde que se conoció el plan de Monsanto para esa zona de la provincia de Córdoba, un bloque conformado por vecinos y ambientalistas inició un bloqueo sobre el predio de 30 hectáreas donde se instalaría la planta que se extendió hasta principios de agosto de 2016.

Ese mes, Fernando Gianonni, vicepresidente de Monsanto para América del Sur, declaró que la iniciativa pautada para la localidad mediterránea finalmente no se llevaría a cabo. Entre otros aspectos, el ejecutivo reconoció que la oposición a la planta había causado mella en la decisión de la plana mayor de la compañía, al tiempo que también esgrimió razones derivadas de la política agropecuaria argentina como otro motivo para desarticular el desembolso multimillonario.

"La pauta de procesamiento de la planta estaba en el orden de los 3,5 millones de hectáreas de maíz y en los últimos año apenas se pasó de los 2,5 millones. Una inversión así no tiene sentido desde el punto de vista del negocio. Con las instalaciones que hoy Monsanto posee en Rojas, en la provincia de Buenos Aires, la compañía puede operar con tranquilidad. Es más: como están las cosas, probablemente alcance sólo con esa planta de maíz por los próximos cinco años", argumentó.

Mientras el destino de las instalaciones todavía permanecía en el ámbito de la indefinición, Cristina Fernández se ocupó de mantener silencio respecto de la propuesta de la compañía pese a la divulgación de estudios universitarios que detallaron la alta contaminación que ya sufrían los habitantes de Malvinas Argentinas por efecto del cultivo de transgénicos y las fumigaciones que se realizan en esa zona de Córdoba.

Pero no sólo Monsanto se vio beneficiada por las políticas que, en lo referente a la producción agropecuaria, se consolidaron en la Argentina sobre todo en las últimas dos décadas. En las páginas siguientes se detallan los nombres de los grandes ganadores del sistema consagrado.

Bayer

Al igual que la creadora del glifosato, Bayer encierra en su historia una serie de antecedentes que la alejan del rol de benefactora del agro que intenta transmitir a través de su aparato publicitario.

La aparición de la firma que en el escenario local logró imponer el slogan "Si es Bayer, es bueno", se concretó en Barmen –actual Wuppertal–, Alemania, en el año 1863 por obra y gracia de dos socios: Friedrich Bayer y Johann Weskott.

Dedicados a la producción textil, Bayer y Weskott decidieron en ese momento combinar sus conocimientos en tinturas para levantar una fábrica en el valle del río Wupper en la que iniciarán la producción de colorantes artificiales.

Pero la intención original de ambos emprendedores resultó modificada de forma radical en 1881 cuando, fallecidos los fundadores de la compañía, los herederos de Bayer ampliaron el capital social de la empresa para, acto seguido, desembarcar en el negocio farmacéutico.

El giro permitirá que la firma dé su primer gran golpe comercial en el último tramo del siglo XIX. Así, y según detalla la misma empresa en su información institucional[62], en 1897 el científico Felix Hoffman culminará los experimentos para sintetizar el ácido acetilsalicílico.

El producto, que llegó al mercado bajo el nombre "Aspirina", obtuvo su patente comercial en 1899. El rápido éxito del fármaco se vio empañado al finalizar la Primera Guerra Mundial. La derrota de Alemania derivó, además, en una confiscación por parte de Estados Unidos de buena parte de los activos industriales germanos.

---

[62] http://goo.gl/3rLOsF

Entre otros desarrollos, Estados Unidos se apropió de todos los emprendimientos y las patentes de Bayer, por lo que "Aspirina" comenzó a perder su rango de marca registrada para transformarse en una palabra de uso común y, también, aplicada a cientos de fármacos fabricados en Norteamérica, Francia y Gran Bretaña, siempre a base de ácido acetilsalicílico.

Pero antes de los sucesos de la Primera Guerra Mundial, y casi en paralelo al lanzamiento oficial de "Aspirina", Bayer también se hizo un espacio para aislar un opiáceo que años después se transformaría en protagonista del mundo de las drogas, pero que comenzó a ofrecerse como jarabe para la tos antes de 1900: la heroína.

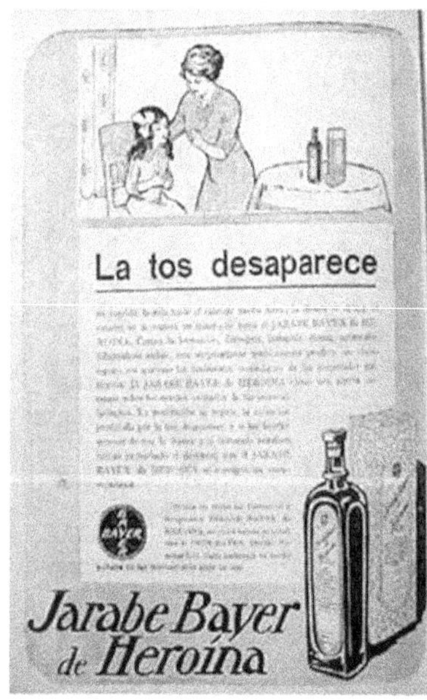

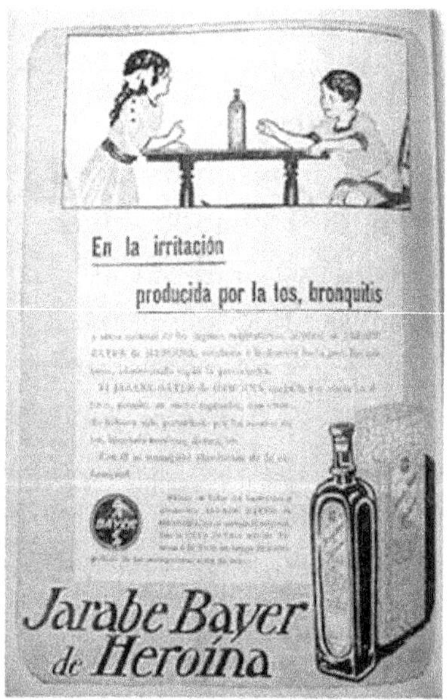

Pensada como un sustituto de la morfina por tratarse, en apariencia, de un compuesto mucho menos adictivo, la heroína rápidamente demostró ser una solución catastrófica que generaba una dependencia superior a la del producto que pretendía reemplazar. De ahí que, en 1913, Bayer decide suspender su producción y, en paralelo, inicia un proceso publicitario para borrar su vínculo con la droga.

Pero el daño ya estaba hecho. El siguiente hito de la farmacéutica, también poco feliz, tendrá lugar en 1925. Ese año, como ya se ha señalado, Bayer pasó a formar parte de la Interessen-Gemeinschaft Farben industrie AG (IG Farben), un conglomerado del que también formó parte BASF que, entre otras actividades, tuvo a su cargo el desarrollo de gases neurotóxicos para el régimen nazi.

En su libro *Armas Químicas: La ciencia en manos del mal*[63], el español René Pita, licenciado en Farmacia por la Universidad de Santiago de Compostela y doctor en Toxicología por la Universidad Complutense de Madrid, expone que Gerhard Schrader, investigador de Bayer, concluyó en diciembre 1936 el desarrollo del gas Tabún, un compuesto capaz de matar a un ser humano en menos de 15 minutos por parálisis del sistema cardiorrespiratorio.

"El propio Schrader y su equipo empezaron a padecer los efectos tóxicos de la sustancia desde que iniciaron el estudio de su síntesis en 1936 y volverían a padecerlos en 1937, al reanudar su trabajo con dicha sustancia", detalla Pita.

"El Tabún se convirtió en el primer agente neurotóxico de guerra. Con el fin de ocultar su identidad, se utilizaron nombres en clave: Gelan, Trilon 83 o T-83 –Trilon era una conocida marca de detergente en Alemania– o Stoff 100", agrega.

En su trabajo, Pita destaca que el 10 de octubre de 1938, el científico de Bayer y otros tres colaboradores descubren el segundo agente neurotóxico nazi: el metilfosfonofluoridato de O-isopropilo, denominado inicialmente "Sustancia 146", pero luego rebautizado como Sarín.

Ya en tiempos de la Segunda Guerra Mundial, y para ajustar la eficacia tanto del Tabún como del Sarín, Schrader y sus asistentes

[63] http://goo.gl/EnYv69

no dudarán en aprobar testeos con presos de campos de concentración. Las pruebas en cuestión fueron concretadas por las SS.

IG Farben sintetizó más de 300 compuestos de uso militar. Entre estos compuestos, y por citar un caso al que ya hemos hecho referencia, hay que mencionar al insecticida a base de cianuro Zyklon B que, durante años, Adolf Hitler aplicó de forma sistemática para exterminar a millones de judíos en las cámaras de gas del nazismo.

Concluida la contienda, el grueso de los empresarios y científicos que integraron el conglomerado no sólo salieron prácticamente indemnes de las acusaciones penales expuestas durante el Juicio de Nüremberg, sino que, además, años después heredaron todas las propiedades que utilizó IG Farben.

Bayer fue una de las más beneficiadas durante ese proceso. Como expone la misma compañía en su información institucional, en 1951 la "La Farbenfabriken Bayer AG se funda de nuevo, teniendo a partir de 1972 la razón social de Bayer AG, acelerándose el crecimiento de la empresa hasta convertirse en un consorcio químico-farmacéutico internacional".

En 2001, el gigante volverá a dar otro golpe de timón al quedarse con Aventis[64], una de las protagonistas del mercado de químicos para el control de plagas de los cultivos. Previo desembolso de 6.500 millones de dólares, Bayer pasó a asegurarse así una posición de peso en el negocio de la producción y venta de insecticidas y fungicidas. La unión dio origen a la división comercial Bayer CropScience.[65]

Más cerca en el tiempo, en la primera quincena de septiembre de 2016, Bayer dio el gran golpe en la industria de los pesticidas y el desarrollo de transgénicos al informar que llegó a un acuerdo para cerrar la compra de Monsanto. La operación, valuada en 66.000 millones de dólares, recién se terminaría de cerrar a fines

---

[64] http://goo.gl/Jhbmk5
[65] http://goo.gl/D5QLlh

de 2017, si es que la empresa alemana logra alzarse con el visto bueno de los reguladores europeos y, al mismo tiempo, recibe el aval del grueso de los accionistas de la empresa estadounidense.

De concretarse la adquisición, el mundo asistirá a la creación del mayor productor global de genética para semillas y agroquímicos con una porción de mercado del orden del 30 %. La unión también dará como resultado un privado con un presupuesto para investigación en ambas líneas de productos superior a los 2.500 millones de euros.[66]

En la Argentina, la empresa alemana tiene presencia controvertida en la actividad agropecuaria a través de pesticidas como el endosulfan –que Bayer desarrolló en la década del 50–; esto es, uno de los productos denunciados por provocar centenares de casos de cáncer y malformaciones en el barrio Ituzaingó de Córdoba.

Aunque con foco en la fabricación de fármacos, la totalidad de las actividades de Bayer en el país se concentran en la planta que la corporación posee en Pilar, provincia de Buenos Aires.

Siempre a nivel local, la compañía también comercializa plaguicidas a base de glifosato y cipermetrina, entre otros compuestos. Un último aspecto a destacar corresponde a cómo repercutirá la compra de Monsanto en el movimiento comercial de la firma germana en la Argentina.

En ese sentido, Bayer pasará a controlar casi el 24 % de la comercialización de plaguicidas y se hará dueña de una facturación anual por encima de los 585 millones de dólares. En concreto, y a modo de espejo de lo que ocurrirá en el planeta si la adquisición supera todas las instancias regulatorias, la compañía europea también se hará con el liderazgo en lo que hace a provisión de los insumos clave para la actual producción agropecuaria que se realiza en el país.

---

66 https://goo.gl/hkHjlw

BASF

La otra gran compañía alemana es BASF, que hizo su aparición en 1865 en la ciudad alemana de Ludwigshafen. Su nombre, detalla la firma en su biografía oficial, proviene de las siglas de su razón social original: *Badische Anilin und Soda Fabrik*. En español: Fábrica de Anilina y Soda de Baden.

Su fundador, Friedrich Engelhorn, hará rápidamente de BASF una de las principales productoras de tinturas y productos químicos de su país. En dos años, la firma declarará casi 400 empleados y empezará a liderar la producción de colorantes sintéticos a nivel mundial. En paralelo, dará comienzo al desarrollo de ácido sulfúrico.

Ya en la primera década del siglo XX, BASF incursionará en la fabricación de amoníaco para, a partir de 1910, comenzar a destinar recursos al desarrollo de fertilizantes. Será durante la Primera Guerra Mundial cuando la compañía revelará que, a la hora de hacer negocios, poco importan los escrúpulos.

Durante la contienda, el conocimiento de los científicos de la compañía en lo referente a manipulación de amoníaco y distintos tipos de ácido resultará aplicado a la producción de gases venenosos.

En su libro *Venenos en el hogar*[67], el ingeniero químico Jairo Puentes Brugés, decano de la Facultad de Química Ambiental de la Universidad colombiana de Santo Tomás, destaca que en abril de 1915 los alemanes atacaron a los franceses con cilindros de gas cloro originando miles de muertos. Al mismo tiempo, Alemania utilizó gases de bromo para diezmar al ejército soviético.

En ambos casos, según Puentes Brugés, los militares germanos apelaron a armamento químico desarrollado por BASF. Al finalizar la Primera Guerra Mundial, y declarada la victoria de los

---

aliados, Estados Unidos y Gran Bretaña se repartieron las investigaciones y patentes registradas por la compañía.

Como ya se anticipó en este mismo capítulo, BASF volverá a decir presente en la producción bélica de agentes durante la Segunda Guerra Mundial. Junto a Bayer, AGFA, y otras tantas químicas, también integrará el conglomerado Interessen-Gemeinschaft Farben industrie AG (IG Farben).[68]

Tras ambos conflictos y una refundación que vino de la mano del salto económico que Alemania comenzó a protagonizar a partir de la década del 50, BASF inició una expansión mundial que le permitió desembarcar con fertilizantes, pesticidas, productos farmacéuticos y fibras sintéticas en Estados Unidos, Australia, India, Japón y, por supuesto, Argentina[69], entre otros países.

A nivel local, la empresa tiene plantas en Burzaco, Escobar y Tortuguitas, todas en la provincia de Buenos Aires, y cuenta también con instalaciones en General Lagos, provincia de Santa Fe[70]. Desde su representación en Argentina, BASF controla además sus actividades en Uruguay, Paraguay y Bolivia.

En lo que hace a plaguicidas, el grueso de los productos que comercializa en esta parte del mundo proviene de la importación y su gama de químicos van desde el dicamba —cuyas características se detallan en el capítulo "El despegue de los agroquímicos" de este mismo libro— hasta la cipermetrina, pasando por el insecticida clorpirifos y el dimetoato.

Dow y Dupont

Por su parte, Dow y DuPont también marcan el ritmo en lo referente a la comercialización local de químicos para la actividad agropecuaria. La primera tuvo su origen en 1897, en Michigan,

---

[68] http://goo.gl/35oqMK

[69] http://goo.gl/x30i4k

[70] http://goo.gl/4VBkx8

Estados Unidos, y su fundación respondió a los intentos del químico Herbert Dow por masificar la producción de cloro y bromuro de potasio.

Como sus pares europeas, Dow tomará parte de la Primera Guerra Mundial acercando a los aliados, entre otras formulaciones, derivados del magnesio para la fabricación de bengalas, gas lacrimógeno y distintos compuestos para el desarrollo de explosivos.

A partir de 1950, la empresa comenzará a pisar más fuerte en la industria bélica estadounidense mediante la planta de Rocky Flats, situada muy cerca de Denver, que fue utilizada durante años para la producción de plutonio destinado a explosivos nucleares y distintos componentes de la bomba de hidrógeno.

En septiembre de 1957, siempre bajo el control de la compañía en cuestión, Rocky Flats fue epicentro de un accidente que derivó en un gravísimo escape de plutonio a la atmósfera. El incidente recién tomó estado público en Estados Unidos durante la década del 70.

Al mismo tiempo, como ya hemos señalado, el controvertido nombre de Dow retornó al centro de la escena a partir de 1965, cuando la empresa, en sociedad con un conglomerado de químicas que también integró Monsanto, comenzó a fabricar el Agente Naranja que se utilizó en Vietnam.

En documentos disponibles en Internet, la compañía no duda en reconocer su participación en el desarrollo del arma[71], aunque remarca que el producto no causó perjuicio alguno en los combatientes tanto estadounidenses como vietnamitas.

"Para evitar las emboscadas y proteger a las fuerzas aliadas –Estados Unidos, Vietnam del Sur, Laos y Camboya–, el ejército estadounidense utilizó la defoliación de ciertas áreas del campo de batalla, mediante el desarrollo y la utilización del herbicida Agent Orange (Agente Naranja). Las organizaciones de investigación del ejército estadounidense desarrollaron el Agente Naranja, y el pro-

---

[71] http://goo.gl/JD3tD3

ducto se formuló basándose en precisas especificaciones militares", sostiene la firma, en un intento por deslindar responsabilidades.

"Como país en guerra, el gobierno estadounidense solicitó a varias compañías que produjeran el Agente Naranja con arreglo a la Defense Production Act. El gobierno especificó cómo se debía producir y controlar su utilización. Desde entonces se han presentado numerosas demandas tanto contra la administración como contra los fabricantes, si bien ninguna de ellas ha dado lugar a responsabilidades", argumenta Dow en un comunicado fácil de ubicar en el mundo virtual.

Para luego concluir: "La investigación científica sobre el Agente Naranja se ha prolongado desde la Guerra de Vietnam, y continúa hoy. Se han realizado extensos estudios epidemiológicos en los veteranos que han sufrido mayor exposición al Agente Naranja. Hoy, el consenso científico es que cuando se revisaron las pruebas colectivas en personas, dichas pruebas no mostraron que el Agente Naranja causara perjuicios en los veteranos".

Dow opera en la Argentina desde 1957, y en la actualidad tiene presencia a través de sus subsidiarias Dow AgroSciences Argentina, Dow Química Argentina, y PBB Polisur[72]. La firma cuenta con plantas y oficinas comerciales en Capital Federal, tres locaciones en la provincia de Buenos Aires (Bahía Blanca, Colón, Zárate), y puntos operativos en las localidades santafesinas de Puerto General San Martín y Venado Tuerto.

En el mercado local la compañía comercializa glifosato, 2,4-D, atrazina, cipermetrina y clorpirifos, entre otros plaguicidas.

Pese a este derrotero de aportes a la industria bélica y las permanentes controversias protagonizadas por Dow a lo largo de su historia, la empresa mantuvo una relación económica fluida con el gobierno que encabezó Cristina Fernández de Kirchner, y con Mauricio Macri la perspectiva es de continuidad.

---

[72] http://goo.gl/lq3pC6

Una reciente muestra de esto puede ubicarse en el acuerdo que, rubricado a fines de marzo de 2013, la química estadounidense cerró con la petrolera estatal YPF para extraer gas no convencional en el reservorio Vaca Muerta[73], ubicado en la provincia de Neuquén.

Por el lado de DuPont, la empresa disputa con BASF y Dow el título de mayor compañía química del mundo. Fundada en 1802, en Estados Unidos, por el químico francés Éleuthère Irénée Du Pont, su primera actividad fue la fabricación de pólvora[74] para el Ejército de la Unión que triunfaría en la Guerra de Secesión estadounidense.

La firma mejoró su producción de pólvora hasta abandonar el negocio recién en 1973. A partir de 1900, DuPont se hizo fuerte en la fabricación de dinamita e incursionó, también con éxito, en el desarrollo de rifles militares. El gran despegue de la empresa tuvo lugar a partir de 1930 con el desarrollo de cauchos sintéticos como el neopreno y la fibra, también sintética, de nylon.[75]

Ya en 1938, DuPont concretó el descubrimiento del teflón. El material, dados sus atributos en lo que hace a aislamiento de sustancias, tendrá una participación decisiva en el desarrollo de la primera bomba nuclear.

Como tantas otras corporaciones estadounidenses, DuPont también formará parte del Proyecto Manhattan aportando tecnología y conocimiento para la instalación de plantas necesarias para el desarrollo de plutonio[76]. Con posterioridad a la Segunda Guerra Mundial, la firma levantará instalaciones para la fabricación de componentes de la bomba de hidrógeno.

Luego llegaría la invención de la fibra de kevlar y el aporte de casi todos los componentes que integraron los trajes espaciales de

---

[73] http://goo.gl/My1MGI

[74] http://goo.gl/kbBYB3

[75] http://goo.gl/a51SDr

[76] http://goo.gl/ZQxUS6

los primeros hombres que pisaron la Luna, en 1969. Recién a comienzos de 1980, el gigante pondrá en marcha su plan más ambicioso para liderar la producción global de desarrollos orientados al agro.

En la Argentina, su llegada se remonta a 1937[77], aunque su actividad se mantuvo principalmente acotada a la producción de fibras y otros compuestos hasta mediados de la década del 80. Precisamente, en 1986 hace su irrupción DuPont Pioneer, una estructura de negocios de la misma corporación que acercó al mercado local una nueva cartera de semillas de maíz, girasol, sorgo, alfalfa y soja.

Con la aprobación de los transgénicos, la compañía inició la venta en el país –en sociedad con Dow– de diferentes variedades de maíz modificado genéticamente. En la actualidad, DuPont también comercializa sus propias formulaciones de glifosato y cipermetrina.

La representación de DuPont en la Argentina es contundente: además de su sede en Capital Federal, la firma posee plantas y oficinas distribuidas en las provincias de Buenos Aires, Santa Fe, Córdoba, Salta, Entre Ríos y La Pampa.

Al igual que en lo ya mencionado respecto del binomio Bayer-Monsanto, DuPont y Dow anunciaron a fines de julio de 2016 que integrarían sus operaciones en un intento por discutir el liderazgo mundial en lo que hace a la producción de agroquímicos. En simultáneo, las compañías informaron que apostaban a la fusión como un camino para bajar sus respectivos niveles de costos.[78]

Atanor, Syngenta y Nidera

En este repaso por los nombres más beneficiados por las políticas de producción agraria vigentes restan tres identidades dueñas, también, de biografías oscuras: Atanor, Syngenta y Nidera.

---

[77] http://goo.gl/sNlCWA
[78] https://goo.gl/w4tT0L

La primera de ellas tiene su origen fronteras hacia adentro. Fundada en 1938 en Munro, provincia de Buenos Aires, Atanor es una empresa que se inició elaborando agua oxigenada y acetatos. Controlada por Fabricaciones Militares desde su puesta en marcha, ya en 1954, con Juan Domingo Perón ocupando la presidencia nacional, comenzó a producir sus primeras fórmulas de herbicidas.

Atanor pasó a manos privadas en 1984, cuando la administración encabezada por Raúl Alfonsín entregó la titularidad de la firma al grupo Bunge & Born, que mantuvo el control hasta 1997. Ese año, el grupo estadounidense Albaugh se hizo con el 51 % de las acciones de la compañía, en un proceso que culminó en 2004 con la adquisición total de la firma por parte de los norteamericanos.

En paralelo a este proceso, la evolución en el desarrollo de herbicidas permitió que la compañía se consolide como el primer productor de 2,4-D de Sudamérica[79] y el segundo fabricante mundial de atrazina.

Según datos divulgados por la misma empresa en su sitio institucional, Atanor elabora 130 millones de litros anuales de glifosato en su planta de Pilar, provincia de Buenos Aires.

A este producto, que se exporta casi en su totalidad, hay que adicionarle la elaboración de 2,4-D que la firma concentra en Río Tercero, Córdoba. En esa zona del país, la compañía produce más de 28,4 millones de litros del herbicida en cuestión.

Atanor desarrolla, además, cipermetrina, clorpirifos y dimetoato en sus instalaciones en San Nicolás, también provincia de Buenos Aires.

En las últimas décadas, la compañía ha sido centro de innumerables denuncias por contaminación ambiental. En 1997, por citar un caso, la secretaría de Política Ambiental de la provincia de Buenos Aires clausuró temporalmente la sede de Atanor en Munro tras las sucesivas presentaciones judiciales que elevaron vecinos

---

[79] http://goo.gl/giiNBi

afectados por la producción de formol y resinas[80]. Daños neurológicos y enfermedades respiratorias comprobadas dieron argumento suficiente para la decisión oficial.

Ya en julio de 2012, agrupaciones ambientalistas denunciaron la muerte de 300 personas por cáncer en un barrio lindero a la planta que la empresa posee en la ciudad de San Nicolás[81]. Atanor resultó acusada de enterrar en su predio productos químicos contaminantes.

En tanto, a principios de septiembre de 2016, las mismas instalaciones fueron cerradas provisoriamente por orden de la Justicia bonaerense tras comprobarse que la compañía extrajo sin permiso agua subterránea durante años al tiempo que vertió residuos contaminantes en la cuenca del río Paraná.[82]

Syngenta, en tanto, hizo su aparición en el año 2000 previa fusión de las firmas Novartis y AstraZeneca, ambas con experiencia en la producción de insecticidas y cultivos transgénicos. Con sede en Basilea, Suiza, su desembarco en la Argentina se vuelve visible en 2008 con la adquisición de la semillera SPS.[83]

A nivel local, la compañía cuenta hoy con oficinas centrales en Vicente López, provincia de Buenos Aires, y controla, además, una procesadora de semillas en Venado Tuerto, provincia de Santa Fe. En simultáneo, la firma opera dos estaciones de testeo de semillas y agroquímicos en Santa Isabel (Santa Fe) y Camet (Mar del Plata, provincia de Buenos Aires).

Líder en la comercialización local de transgénicos de maíz, Syngenta también elabora pesticidas como el paraquat, prohibido desde 2007 en todos los países de la Unión Europea. Atrazina y dicamba integran, también, la cartera de agroquímicos que la empresa distribuye y vende en la Argentina.

---

[80] http://goo.gl/ZrBwjx
[81] http://goo.gl/WKIj1u
[82] https://goo.gl/Y4QcHZ
[83] http://goo.gl/ykgW4N

Pese a su relativa juventud como firma, Syngenta quedó en el
ojo de la tormenta en 2011 cuando, tras un operativo del Ministerio de Trabajo de la Nación, se constató que la compañía mantenía en situación de esclavitud laboral a centenares de trabajadores
rurales bonaerenses.

Antes, en 2007, la multinacional debió afrontar una multa de
550.000 dólares por haber realizado experimentos ilegales con soja
transgénica en el Parque Nacional de Iguazú, Brasil[84]. La práctica
en cuestión, sujeta a penalidades en Brasil, se encuentra terminantemente prohibida en Suiza, país de origen de Syngenta.

En octubre del mismo año, un artículo publicado en el periódico mexicano *La Jornada* reveló vínculos entre la firma y una milicia armada que asesinó a tiros en Paraná, Brasil, al militante del
Movimiento de los Trabajadores Sin Tierra (MST) Valmir Mota
de Oliveira.[85]

Según la fuente mencionada, Syngenta admitió haber contratado a NF, la empresa de seguridad privada que perpetró el ataque,
aunque negó responsabilidades en la muerte del activista.

En febrero de 2016, los accionistas de la compañía aceptaron
una oferta de compra elevada por el gigante asiático China National Chemical Corp (ChemChina). Esta última ofreció 43.000
millones de dólares para quedarse con la empresa europea, en un
intento de adquisición todavía sujeto a aprobaciones regulatorias y
que recién podría cerrarse a fines de 2017.

Por último, Nidera también ostenta una evolución marcada
por el escándalo. Fundada en 1920 en Rotterdam, Países Bajos,
esta multinacional concretó su desembarco en la Argentina apenas nueve años después de haberse iniciado en el segmento de la
comercialización de granos[86].

---

[84] http://goo.gl/Tdzs2i
[85] http://goo.gl/baUXZP
[86] http://goo.gl/KYVBQ0

Con celeridad, la compañía creció hasta consolidarse como una de las líderes en el mercado local de semillas, además de transformarse en otra de las grandes exportadoras locales de cereales, oleaginosas y aceites.

Su nombre parte de la combinación de las iniciales de las plazas comerciales en las que concretó una primera etapa de expansión: Netherlands (Holanda), India, Deutschland (Alemania), England (Inglaterra), Rusia y Argentina[87].

En 1989, la compañía dio un salto en su negocio local con la compra de Asgrow, firma que le acercará el conocimiento suficiente para el posterior desarrollo de sus primeras semillas transgénicas.

Este movimiento le permitirá, en 1996, alzarse con una de las primeras autorizaciones liberadas por la Secretaría de Agricultura que encabezaba Felipe Solá para la colocación en el mercado argentino de soja resistente al glifosato.

Antes, Nidera concretó la construcción de tres plantas clasificadoras de semillas. La destinada para el tratamiento de girasol comenzó a funcionar en Chacabuco, provincia de Buenos Aires, mientras que las orientadas a trigo y maíz operan desde 1994 en Venado Tuerto (Santa Fe) y Miramar (Buenos Aires).

Además, y según información volcada por la compañía en su sitio Web institucional, "Nidera Argentina cuenta con una planta propia de refinación, fraccionamiento y distribución en la localidad de Valentín Alsina, provincia de Buenos Aires".

Un dato que devela aún más la enorme estatura comercial de la empresa radica en que Nidera posee terminales portuarias de su exclusiva propiedad en Rosario, Bahía Blanca y Quequén.

En paralelo a su desempeño en la producción de semillas, la firma también pisa fuerte en la venta de plaguicidas. En este sentido, hay que decir que Nidera comercializa su propia marca de

---

glifosato –Zamba– además de distintas formulaciones de atrazina, clorpirifos y cipermetrina.

En diciembre de 2010, el nombre de la compañía saltó a los medios al conocerse que la Administración Federal de Ingresos Públicos (AFIP) investigaba a Nidera por evadir el pago de hasta 260 millones de pesos en impuestos[88].

Esta primera investigación oficial derivó en una suspensión temporal de la operatoria de la empresa en el Registro de Operadores de Granos tras constatarse que la cerealera, junto con otros privados del sector, trianguló operaciones y utilizó paraísos fiscales para registrar maniobras financieras y así evitar pagos al fisco.

También en diciembre del mismo año otra pesquisa del organismo detectó a unos 130 trabajadores contratados por Nidera en situación de esclavitud laboral en San Pedro, provincia de Buenos Aires.

Un artículo del diario *Página 12* de principios de enero de 2011 consignó que los empleados de la corporación se alojaban en "trailers de chapa, en los que dormían hacinados de a veinte", y que "la jornada laboral era de diez horas incluido el día de Navidad, bajo el rayo del sol, sin luz, sin agua potable salvo la que recibían en baldes".[89]

De acuerdo a la fuente mencionada, los hombres del personal "no podían salir de los límites de la propiedad en la que trabajaban ni conocían cuál sería su remuneración. La paga se difería para el último día del contrato informal, ya que no estaba registrado. Mientras, les descontaban todo lo que consumían a precios tan exorbitantes que nunca tenían un saldo favorable para cobrar".

El hallazgo derivó en una multa de 900.000 pesos que el Ministerio de Trabajo bonaerense le impuso a la empresa[90]. Igualmente, la sanción lejos estuvo de hacerle perder su posición dentro

---

[88] http://goo.gl/GhP0qB

[89] http://goo.gl/zhpM3

[90] http://goo.gl/xwH7av

del grupo de diez cerealeras que controlan alrededor del 85 % de los granos que exporta la Argentina.

Pese a contar con ventas al exterior superiores a los 1.700 millones de dólares anuales, un nuevo apercibimiento de la AFIP logró que, finalmente, en mayo de 2012, la empresa cancele deudas con el Estado por más de 18 millones de dólares por pagos incorrectos de derechos de exportación.[91]

Por supuesto, nada de esto mermó la estrategia comercial de la compañía. Y una prueba de ello puede ubicarse en el primer trimestre de 2013; período en el que Nidera presentó en sociedad a la nueva semilla de soja Intacta RR2 Pro[92]. Esto es, un transgénico que, creado por los científicos de Monsanto, posee mayor resistencia a malezas e insectos como las polillas o las mariposas.

A tono con las compras y fusiones que se vienen sucediendo en el mercado internacional de los pesticidas y los organismos modificados genéticamente, Nidera quedó bajo control de la china COFCO a principios de 2014, en una operación mediante la cual la asiática desembolsó más de 1.000 millones de dólares para hacerse con el 51 % del capital accionario de la semillera. Dos años después, la firma oriental adquirió el 49 % restante.

---

91 http://goo.gl/orqFrl
92 http://goo.gl/Fmyaqz

Acerca de las consecuencias sanitarias

EL PAÍS DE LOS PERJUDICADOS

La arista perversa del cambio en la matriz de producción instaurado en marzo de 1996 comenzó a hacerse visible pocos años después de la resolución 167 firmada por Felipe Solá.

Y dio paso a una catarata de denuncias y relevamientos médicos que, a través de actualizaciones periódicas, llegan hasta nuestros días, pese a los intentos de los sectores político y corporativo por acallar las voces de los afectados por este modelo.

La aplicación de glifosato, atrazina, endosulfan, cipermetrina o clorpirifos en cultivos como la soja y el maíz ascendió de forma vertiginosa desde los tiempos del menemismo hasta protagonizar una auténtica explosión a partir del año 2002.

A la par de este incremento, comienza a potenciarse el surgimiento de damnificados por efecto de agroquímicos que ya no sólo se aplicarán sobre el campo profundo sino que, dada la ampliación de la frontera agropecuaria, también se harán sentir en zonas urbanas.

Las siempre ascendentes millonarias ganancias que, principalmente, reportará la producción de soja, agudizarán el ingenio de los productores con el correr de los años, quienes para elevar el rinde no dudarán en sembrar la oleaginosa en torno a barrios rurales, límites de ciudades, banquinas y cualquier otra superficie que pueda ser utilizada para el cultivo, aun cuando se trate de un área poblada.

Por supuesto, con este auténtico "boom" productivo también llegarán los químicos, cuya aplicación pasará —si se quiere— de ser una postal propia de la actividad campesina más pura a transformarse en una práctica inserta en la vida cotidiana, doméstica, de un dramático número de personas.

Porque sí: el avance que logrará la explotación agraria de transgénicos mediante agroquímicos será de tal magnitud que, en menos de dos décadas, el área sujeta a este tipo de actividad comprenderá una superficie habitada por más de 12 millones de argentinos.

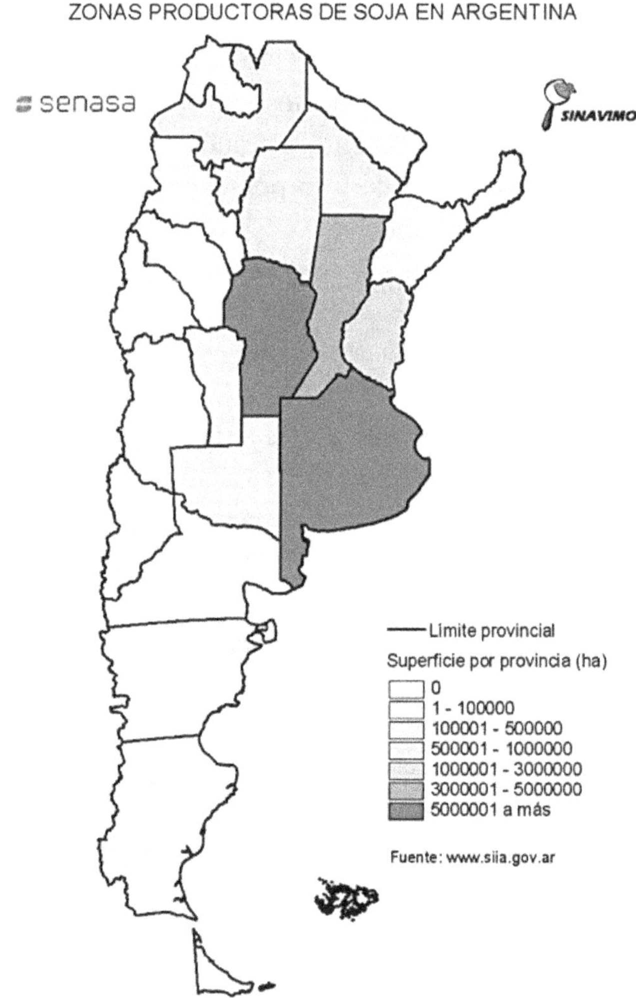

El campo con soja al otro lado de la última calle del barrio o el pueblo se volverá una imagen habitual en provincias como Buenos Aires, La Pampa, San Luis, Santa Fe, Córdoba, Tucumán, Catamarca, Santiago del Estero, Chaco, Formosa, Entre Ríos, Corrientes, Misiones e, incluso, Salta y Jujuy.

A la par, también se harán costumbre problemáticas que eran poco frecuentes hasta el arribo de los aparatos de fumigación terrestre y las avionetas pulverizadoras.

Variedades atípicas de cáncer como el linfoma no-Hodgkin (LNH), las neuropatías, los abortos espontáneos, las malformaciones, las alergias y todo tipo de trastornos respiratorios, acumularán casos que, pese al contundente número de afectados, serán omitidos por buena parte de las autoridades sanitarias, la dirigencia política y los medios de comunicación.

"En los años 90, en toda la Argentina se consumieron 30 millones de litros de agroquímicos. El último consumo declarado por las cámaras que nuclean a estas empresas en el país, o sea, el de 2014, fue de más de 300 millones de litros. Esto significa que en alrededor de 20 años la cantidad de agroquímicos que se aplican en la Argentina aumentó un 1.000 %", expone el ya citado doctor Medardo Ávila Vázquez.

"Mientras que la superficie cultivada aumentó un 60 %, la cantidad de agroquímicos, insisto, subió 1.000 %. Esto muestra un desbalance que impacta. En 2012 el total de superficie que se destinó a la agricultura no se incrementó en sí mismo. Sin embargo, volvió a elevarse el nivel de litros que se fumigaron. Por hectárea cada vez se echan más productos. Si en 2012 se tiraron al lado de un pueblo unos 30 millones de litros, hay que pensar que en 2014 se aplicaron 45 millones", agrega.

La Red Universitaria de Ambiente y Salud, que coordina el doctor Medardo Ávila Vázquez e integran médicos, personal sanitario y académicos de todo el país, explicita en el siguiente gráfico la evolución del uso de químicos a nivel local:

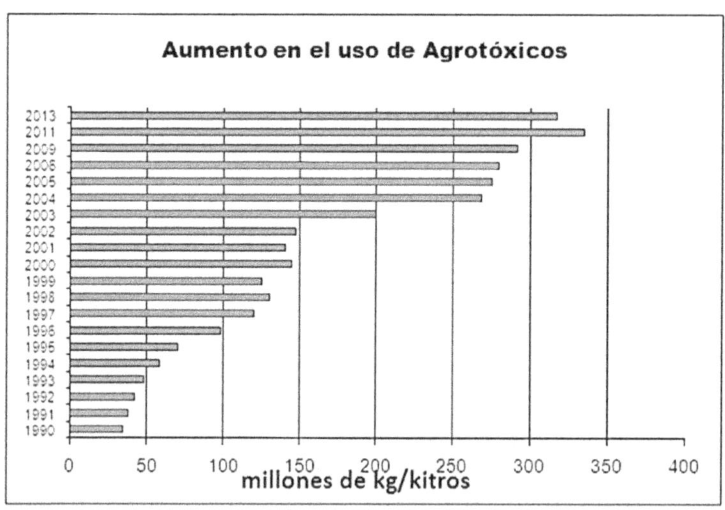

Evolución del consumo de agrotóxicos en Argentina. Datos de CASAFE, elaboración REDUAS

Una ejemplo de los devastadores efectos de las fumigaciones en cercanías de zonas pobladas puede ubicarse en el barrio Ituzaingó de la ciudad de Córdoba.

La historia comienza a fines de 2001. Tras sufrir la muerte de una hija recién nacida producto de malformaciones renales y toparse con distintos habitantes de Ituzaingó que habían sufrido situaciones similares, Sofía Gatica, una vecina de esa zona ubicada en la periferia de la capital mediterránea, inicia de forma espontánea un relevamiento casa por casa con la idea de constatar lo que se le apareció como un pálpito: algo estaba envenenando a la gente del barrio.

Mientras tanto, silenciosa, la soja crecía y crecía a menos de tres metros de hogares levantados prácticamente en zona rural.

Gatica conformaría un grupo que luego entabló una dura lucha contra las autoridades cordobesas para frenar las fumigaciones: las Madres de Ituzaingó.

La consulta a domicilio le permitirá constatar casos de leucemia, cáncer de mama, cáncer de intestino, de riñón, lupus púrpura, anemias hemolíticas, abortos espontáneos, linfoma no-Hodgkin y malformaciones, entre otros males.

Gatica, cuyo testimonio aparece retratado de forma íntegra en un capítulo posterior (Ver: "El caso Ituzaingó"), volcó todos y cada uno de los casos sobre un mapa de Ituzaingó para mostrar en detalle la gravedad del escenario.

El resultado fue penoso: el barrio contaba con más de 300 casos de cáncer distribuidos entre sus apenas 5.000 habitantes. "Encontré más de 16 personas sólo con leucemia en esos 5.000 habitantes siendo que la media es de 1 a 2 personas en 100.000", contó la vecina.

Las sucesivas movilizaciones y reclamos enarbolados por las Madres de Ituzaingó atraerán la atención de la gobernación cordobesa, por entonces encabezada por José Manuel de la Sota, a principios de 2002. El Ejecutivo provincial negará lo constatado por Gatica y sus compañeras.

"El ministro de Salud de ese momento, Roberto Chuit, dijo que éramos unas exageradas. Unas locas", dijo la referente.

Recién en 2005, y tras la queja permanente de las Madres de Ituzaingó, la Municipalidad de Córdoba accederá a concretar una serie de estudios en el barrio. Las pericias continuarán en 2007. Los resultados arrojan contaminación del agua con endosulfan y un nivel de toxicidad general en Ituzaingó que volvía al barrio inhabitable.

El tenor de la problemática motivará, a partir de 2009, nuevos estudios ordenados por el Ejecutivo Nacional. La comisión a cargo de los testeos informará, según Gatica, que "el 33% de la población del barrio se estaba muriendo por tumores, mientras que se detectaron concentraciones de agroquímicos como el endosulfan y el glifosato en la sangre del 80% de los chicos examinados".

La contundencia de estos resultados dará paso a un proceso judicial por el cual, en agosto de 2012, se condenó a tres años de prisión, de ejecución condicional, al productor agropecuario Francisco Parra y al aviador Edgardo Pancello.

Pero la contaminación persiste en Ituzaingó. Y el barrio, en lugar de haber sido trasladado a otra área cerca de la ciudad de

Córdoba, ahora cuenta con más habitantes que en la época en que Gatica inició aquel primer relevamiento.

Incluso, la condena a Parra y Pancello abrió la puerta al oportunismo de varios empresarios que, con anuencia del gobierno cordobés, iniciaron el desarrollo de nuevos negocios en la zona ahora liberada de las fumigaciones.

"El predio que antes se fumigaba, al lado del barrio, quedó vacío. Ya no se permite ni sembrar ni fumigar ahí. Y lo que hicieron unos cuantos es comenzar a lotear el lugar para luego vender los terrenos. Mucha gente comenzó a hacerse la casa en ese mismo lugar. Están construyendo arriba de la tierra contaminada con endosulfan, porque ese veneno sigue estando muy concentrado ahí. La Municipalidad lo sabe y lo permite", aseguró Gatica.

Pero antes del pronunciamiento de la Justicia respecto de Parra y Pancello, se sucedieron diferentes informes que comenzaron a dar pruebas fehacientes de las consecuencias letales que, en términos de salud, comenzó a originar el uso de plaguicidas.

En esa dirección, el Grupo de Reflexión Rural (GRR)[93] –una organización surgida en los años 90 y de postura crítica frente a los agronegocios y el uso de transgénicos– dio a conocer en 2007 un trabajo que recopiló numerosas denuncias de contaminación en diferentes provincias.

Titulado *Repúblicas Unidas de la Soja*[94], repara en la situación de poblaciones de Entre Ríos, Formosa, Santa Fe y Córdoba en los primeros tiempos de la implementación del combo que combina transgénicos, siembra directa y agroquímicos.

Loma Senés, una colonia situada a poco más de 20 kilómetros de la localidad de Pirané, Formosa, aparece como uno de los primeros casos concretos que muestra los efectos negativos de la fumigación.

En ese punto geográfico, integrantes del Movimiento Campesino de Formosa (MOCAFOR) denunciaron, a principios de 2003,

---

[93] http://goo.gl/o8hJjL
[94] http://goo.gl/9okb6F

la extinción de todos sus cultivos de frutas y hortalizas y el deceso de los animales de granja debido a la aplicación de herbicidas por parte de productores sojeros.

Incidentes similares tuvieron lugar, a lo largo del mismo año, en las cercanías de pueblos como General Manuel Belgrano y El Colorado, ambos en la misma provincia. En esas dos localidades los campesinos alertaron, también, sobre una masiva mortandad de peces.

"Entre los daños a animales se observó muerte de aves de corral (gallinas, pollos, guineas), de bovinos, de porcinos y de equinos. También se reportaron abortos en bovinos, porcinos y caprinos", detalla, respecto de la situación en Formosa, el trabajo de GRR.

"Los síntomas más frecuentes en los pobladores, producto de las fumigaciones de los campos de soja, fueron mareos, náuseas, vómitos, diarreas, dolor estomacal, sarpullidos, alergias, lesiones de piel, granos, irritación de ojos y problemas de la visión. En algunos casos, las diarreas persistieron por un tiempo prolongado", añade.

En Entre Ríos, el escenario durante esos primeros años posteriores al 2000 se asemejará al formoseño, siempre según el informe del Grupo de Reflexión Rural.

"Marta Cian, una vecina de Líbaros, tiene problemas respiratorios y esperó dos años para que los profesionales médicos identificaran que la causa de sus dolencias broncorespiratorias fue la manipulación de agrotóxicos en el depósito detrás de su casa y las fumigaciones sobre los campos lindantes al pueblo", refiere el trabajo.

"En julio de 2003, la investigadora María Isabel Cárcamo denunció que 60.000 pobladores del centro de Entre Ríos, en particular de Villaguay, sufrían los efectos de la aplicación de endosulfan en los cultivos de soja transgénica. Explica que los principales síntomas de la acción del agrotóxico van desde la diarrea casi imposible de cortar, hasta mareos, sensación de hormigueo en el cuerpo, dolor de cabeza, náuseas y dificultades respiratorias que semejan ataques de asma", destaca en otro tramo, en este caso citando como fuente a la agencia MERCOSUR.

Repúblicas Unidas de la Soja aporta también, con relación a la provincia de Santa Fe, un artículo publicado por el diario *Rosario 12* durante el mes de enero de 2006.

Ahí puntualiza que en la nota en cuestión "se describen los resultados de trabajos de investigación científicos de cinco años de duración, realizados en seis pueblos en total. Cinco de las localidades estudiadas eran de esa provincia, y una del norte de la provincia de Buenos Aires".

GRR asegura: "En la nota se destaca que un estudio financiado por el Ministerio de Salud de la Nación halló vinculaciones directas entre casos de cáncer y malformaciones infantiles con la exposición a contaminantes ambientales".

"El grupo multidisciplinario relevó seis pueblos de la pampa húmeda –Alcorta, Bigand, Carreras, Máximo Paz y Santa Teresa, en el sur santafesino– y encontró relaciones causales de casos de cáncer y malformaciones uro genitales masculinas entre los habitantes expuestos a factores de contaminación ambiental", continúa.

Luego concluye: "En los pueblos relevados se determinó que los casos de cáncer de testículos y gástricos en varones fueron tres veces más que la media nacional. Los cánceres de hígado fueron casi diez veces más y los de páncreas y pulmón, el doble de lo esperado. Los varones parecen haber sido los más afectados por esta enfermedad. En cuanto a malformaciones, se halló una muy significativa incidencia al compararse con datos médicos nacionales. Las más citadas: hipospadias (desembocadura de la uretra en la cara inferior del pene) y criptorquidias (testículos no descendidos)".

Pero en el derrotero de fechas, relevamientos y denuncias habrá un momento trascendental para, principalmente, los millones de damnificados por el modelo consagrado por las arcas públicas y privadas: el año 2009.

El año en cuestión debe ser visto como un momento bisagra tanto para los beneficiados como para los perjudicados por los agronegocios.

Porque, para ponerlo en pocas palabras, fue el año en que por primera vez el Gobierno Nacional, entonces encarnado por el kirchnerismo, tomó cartas en el asunto con el aparente fin de cambiarlo todo.

Y, en realidad, sólo lo hizo para no modificar prácticamente nada.

A raíz de lo denunciado por Sofía Gatica y las Madres de Ituzaingó en Córdoba, el 19 de enero de 2009[95] la entonces presidenta Cristina Fernández de Kirchner dicta el decreto 21/2009 que ordena la creación de la "Comisión Nacional de Investigación sobre Agroquímicos" para, en apariencia, develar los efectos del glifosato.

El ejecutivo fijó para dicho grupo los siguientes objetivos:

1- Investigar los hechos denunciados y situaciones similares, sus causas y efectos.
2- Efectuar recomendaciones, proponer acciones, planes, programas, etc.
3- Delinear pautas para contribuir al uso racional de químicos y agroquímicos.
4- Proponer herramientas de información adecuadas para su utilización en los medios de comunicación.
5- Identificar los problemas generales en la atención sanitaria de la población afectada.
6- Desarrollar estrategias de atención para promover el uso racional de los productos o bien su eliminación.
7- Reunir información estadística e indicadores de impacto.
8- Propiciar la normativa pertinente y proponer las acciones directas a implementar.

____
95 http://goo.gl/ZMq8wx

9- Proponer campañas de concientización y educación sobre el uso
y la manipulación de químicos y agroquímicos.

10- Implementar, ejecutar y/o coordinar acciones, planes, proyectos y programas.

11- Realizar todas aquellas acciones que le encomiende la Presidencia de la Comisión.

Como se explicitará a continuación, ninguna de estas premisas fue cumplida.

Entre sus considerandos, el decreto promovido por la Presidenta reconoce que la acción surge de "los casos denunciados de intoxicación con agroquímicos por fumigación de campos linderos al barrio cordobés de Ituzaingó de la Provincia de Córdoba que salieran a la luz luego de haberse detectado determinadas enfermedades oncológicas y diversas patologías en vecinos de la población urbana".

Presidida por Graciela Ocaña, una licenciada en Ciencias Políticas que –rarezas de esta tierra– por entonces ocupaba el cargo de ministra de Salud de la Nación, la comisión también aglutinó especialistas del Consejo Nacional de Investigaciones Científicas y Técnicas (CONICET), la secretaria de Ambiente y Desarrollo Sustentable de la Jefatura de Gabinete de Ministros, la secretaria de Agricultura, Ganadería, Pesca y Alimentos, el Instituto Nacional de Tecnología Agropecuaria (INTA), y el Instituto Nacional de Tecnología Industrial (INTI).

Con posterioridad, la misma comisión admitió entre sus filas a representantes del Ministerio de Ciencia, Tecnología e Innovación Productiva que ya encabezaba Lino Barañao, hoy en igual cargo aunque ya bajo la gestión presidencial de Mauricio Macri.

Pero el tenor del movimiento político no dará el resultado esperado por los damnificados. Muy por el contrario, sólo aportará argumentos que, dada su ambigüedad, permitirán que los productores sigan adelante con el uso del glifosato.

La comisión impulsada por Cristina Fernández de Kirchner dará origen a un informe titulado "Evaluación de la Información Científica vinculada al glifosato en su incidencia sobre la Salud Humana y el Ambiente"[96] que en sus más de 130 páginas nunca llegará a dejar en claro lo perjudicial o, caso contrario, lo inocuo del agroquímico.

El informe en cuestión sostiene entre sus conclusiones que "bajo condiciones de uso responsable (entendiendo por ello la aplicación de dosis recomendadas y de acuerdo con buenas prácticas agrícolas) el glifosato y sus formulados implicarían un bajo riesgo para la salud humana o el ambiente".

Pero, en paralelo, reconoce la "necesaria ejecución sostenida en el tiempo de controles sistemáticos sobre los niveles residuales del herbicida y los compuestos de degradación en alimentos, en la biota, en el ambiente y en la población expuesta, así como de estudios exhaustivos de laboratorio y de campo, que involucren a los formulados conteniendo glifosato y también su(s) interacción(es) con otros agroquímicos, bajo las condiciones actuales de uso en Argentina".

Al respecto, el doctor Medardo Ávila Vázquez comentó: "La comisión lo único que hizo fue una evaluación de todos los papeles que presentó Monsanto sobre el rendimiento del glifosato. Y determinó que no había mucha evidencia para decir si es peligroso o no. O sea, reconoció que es tóxico pero tampoco tanto".

Y añadió: "En ningún momento esa comisión analizó a incluyó todos los trabajos científicos que recopilamos y estudiamos durante años en los congresos de medicina. La comisión se armó por lo que denunciamos en Córdoba, pero no tomó en cuenta nuestros argumentos en ningún momento".

El informe "Evaluación de la Información Científica vinculada al glifosato en su incidencia sobre la Salud Humana y el Ambien-

---

te" cita a lo largo de sus páginas trabajos de investigación firmados, por ejemplo, por Gary Williams, un científico que en 2004 recibió el premio Monsanto Animal Physiology and Endocrinology[97] y en diferentes reportes periodísticos aparece vinculado con el principal fabricante del glifosato.

La mención de la labor de Williams se da en, cuanto menos, 30 oportunidades a lo largo del documento. En la página 70 la comisión precisa que el trabajo del científico fue "patrocinado por la compañía Monsanto".

En todos los casos, la referencia a la investigación de Williams se utiliza como defensa del uso del glifosato y en diversos pasajes se reproducen argumentos del científico para instalar que "no hay razones para considerar que el glifosato representa un riesgo para la salud humana en las condiciones normales de uso", como puede apreciarse en la página 34 del informe.

Por supuesto, en "Evaluación de la Información Científica vinculada al glifosato en su incidencia sobre la Salud Humana y el Ambiente" la mención de Monsanto aparece también de manera recurrente. Y el informe no oculta que sus análisis y conclusiones derivan de estudios aportados por la misma empresa.

En la página 76, la comisión destaca que hay evaluaciones abundantes y confiables sobre el carácter dañino del glifosato de ser aplicado sobre mamíferos como ratones, ratas, perros, conejos o monos, pero relativiza la contundencia de esas experiencias por tratarse de reportes con más de 15 años de antigüedad.

Lo curioso es que al momento de citar teorías que minimizan la toxicidad del plaguicida, el grupo promovido por la presidenta de la Nación no duda en recurrir a experiencias divulgadas por la propia Monsanto en años como 1981, 1985 o 1988. Esto es, desarrolladas más de dos décadas antes de la concreción del informe local.

---

[97] http://goo.gl/N6Dn1r

"Las dudas arrojadas sobre la trascendencia (o extrapolación de estos resultados hacia otras especies de mamíferos) provienen principalmente de científicos acreditados por el grupo Monsanto", se sincera la comisión respecto de los estudios que, como se expuso antes, certifican lo peligroso del agroquímico en caso de ser fumigado sobre mamíferos.

¿A qué conclusiones llega el grupo de trabajo respecto de, por ejemplo, las denuncias de pérdidas de embarazos que tanto se acumulan en el interior del país?

A estas: "Estudios epidemiológicos indican que la exposición ocupacional de mujeres a ciertos plaguicidas (incluido el glifosato) se ha asociado a abortos espontáneos y fertilidad reducida. Ciertos factores pueden incrementar el riesgo, tales como el uso de equipos de protección personal inadecuados y la edad de la mujer. No existen datos al respecto en Argentina".

La falta de un pronunciamiento concreto respecto de la toxicidad del agroquímico será lo único que, en cuanto a la labor de la comisión impulsada por la presidenta Cristina Fernández de Kirchner, quedará en limpio tras la publicación del informe.

El único gesto concreto del Ejecutivo en pos de defender la salud de millones de personas dejará como resultado una ambigüedad que, hasta el día de hoy, garantiza el libre uso del glifosato en toda la Argentina.

Para los afectados no habrá respuestas. Nunca sabrán, a ciencia cierta, qué es lo que los está matando.

Pero 2009 no será, únicamente, el año en que la gestión kirchnerista confirmará su completo apoyo al modelo de producción agropecuaria vigente. También será el momento en que brotarán turbulencias dentro de entidades vinculadas con el Gobierno.

El caso emblemático tendrá lugar dentro de las filas del Consejo Nacional de Investigaciones Científicas y Técnicas (CONICET), que vivirá horas agitadas a partir de abril de ese año con la divulgación de un estudio del doctor Andrés Carrasco que colocó al glifosato como responsable de malformaciones en embriones.

Antes de eso, en marzo, un acontecimiento de relevancia tendrá lugar en la provincia de Santa Fe, a escasos 144 kilómetros de la capital. En San Jorge, una localidad de poco más de 25.000 habitantes, la Justicia prohibió las fumigaciones en adyacencias de la zona urbana.

El fallo en cuestión partió de un recurso de amparo presentado por Viviana Peralta, mamá de Ailén, una niña que en ese momento tenía dos años, afectada de alergias y problemas respiratorios producto de pulverizaciones que se concretaban a poco más de 10 metros de la casa familiar.

Peralta, cuya historia aparece en páginas siguientes (Ver: "El fallo San Jorge"), concretará su denuncia con el respaldo de otras veintidós familias locales y la organización santafesina Centro de Protección a la Naturaleza (Cepronat).[98]

Pese a la protesta y la apelación promovida por los productores agropecuarios de la zona, testimonios como el de la pediatra de Ailén –quien ante el juez Tristán Martínez afirmó que en San Jorge se multiplicaban los casos de bronco-espasmos, malformaciones y abortos por efecto de la aplicación de agroquímicos– pesarán para que quede firme una sentencia que fijó la prohibición de fumigar, en caso de utilizarse equipamiento terrestre, a menos de 800 metros de las casas de la localidad, y en caso de utilizarse equipamiento aéreo, a menos de 1.500 metros.

De vuelta en abril de 2009, verá la luz el trabajo de Andrés Carrasco, investigador principal del CONICET y director del Laboratorio de Embriología Molecular que funciona dentro de la Facultad de Medicina de la Universidad de Buenos Aires (UBA).

La investigación, basada en pruebas realizadas sobre embriones de anfibios de la especie *Xenopus Laevis* –conocidos comúnmen-

---

[98] http://goo.gl/nOJjEx

te como rana africanas– arrojará que el producto que popularizó Monsanto produce malformaciones neuronales, cardíacas e intestinales, además de distintas variedades de cáncer.

En sucesivas entrevistas periodísticas, Carrasco destacará que la experiencia sobre embriones de rana puede extrapolarse al humano dado que la "formación de los vertebrados tiene gran similitud y es perfectamente válido inferir que las malformaciones que verificamos en las ranas también ocurran en embriones humanos ante el impacto del glifosato".

El científico también declarará que "como el glifosato se acumula y no se degrada con el tiempo, el efecto se acrecienta y no es nada extraño que aparezca cáncer o las malformaciones en los bebés, para el caso de las mujeres embarazadas".

Al momento de precisar cómo llevó a cabo su trabajo, Carrasco aclarará que la investigación se basó en subsidios ya otorgados al CONICET para luego sostener que, de haber solicitado fondos para la experiencia, de seguro el dinero le habría sido negado.

"El CONICET, la institución que me paga una parte de mi sueldo –la otra parte me la paga la Universidad de Buenos Aires–, tiene un convenio con Monsanto, que paga un premio para promocionar proyectos biotecnológicos que son de su interés. Se entiende, si la institución madre de la ciencia argentina, el CONICET, tiene un convenio con la empresa con la que ahora surge este conflicto, estamos en un problema", argumentará el científico, en una entrevista divulgada por el diario rosarino *La Capital*.[99]

Sobre el estudio en cuestión, que reproduciremos casi en su totalidad al finalizar este capítulo, lloverán las críticas y los cuestionamientos tanto del sector político como del segmento corporativo.

En el primer caso, el encargado de atacar el trabajo de Carrasco no será otro que el ministro de Ciencia y Tecnología Lino Barañao,

---

[99] http://goo.gl/EZm16V

quien en reiteradas apariciones mediáticas arrojará dudas sobre la legitimidad del estudio concretado en el seno del CONICET.[100]

Barañao, quien no tendrá inconvenientes en declarar que no está probada la toxicidad del glifosato dado que "hay gente que se ha tomado un vaso para suicidarse y no le ha pasado nada", dirá en mayo de 2009 que la experiencia del científico no era más que "la comunicación de un investigador en particular", además de desacreditar lo expuesto por Carrasco alegando que la investigación hasta ese momento no había sido publicada por ninguna revista científica.

Ese paso, que en la comunidad científica es evaluado como el aspecto que termina por acreditar lo serio y veraz de un estudio, se completó en agosto de 2010 cuando la revista estadounidense *Chemical Research in Toxicology* dio espacio en sus páginas a toda la investigación de Carrasco.

En medio de ese proceso, el científico enfrentó desde amenazas hacia él y su grupo de colaboradores[101] hasta presentaciones de los abogados de la Cámara de Fertilizantes (CASAFE), pasando por campañas de desprestigio en los principales medios de comunicación y censura en las diferentes charlas sobre los efectos del glifosato que Carrasco comenzó a dar en el interior de la Argentina.

Pero lo expuesto por Carrasco no quedará acotado a un momento, una coyuntura en particular, pese a los intentos tanto de las corporaciones vinculadas al agro como de distintos representantes del Gobierno Nacional.

Con posterioridad a 2009 cobrarán mayor fuerza las denuncias en contra del uso de agroquímicos y se solidificarán las organizaciones que, principalmente en el interior de la Argentina, recopilarán experiencias y aportarán propuestas tendientes a limitar de alguna forma las fumigaciones.

---

[100] http://goo.gl/1RJuIs
[101] http://goo.gl/CP4SAZ

Estas agrupaciones, integradas por médicos y enfermeras, catedráticos, docentes de escuelas primarias y secundarias, activistas sociales, damnificados y potenciales afectados, entre otros actores, darán origen a nuevos estudios y relevamientos que, ahora con mayor visibilidad que a principios del 2000, explicitarán el lado mortal del modelo.

La muerte, el dolor y la impotencia transformados en datos duros, estadística, es lo que sigue a este capítulo.

El estudio argentino
que probó lo letal del glifosato

Dr. Andrés E. Carrasco
Laboratorio Embriología Molecular
Efecto del glifosato en el desarrollo embrionario de Xenopus
laevis.
(Teratogénesis y glifosato)[102]

Informe preliminar
Presentación

*El presente trabajo fue realizado en el Laboratorio de Embriología
Molecular CONICET/UBA. Sito en la Facultad de Medicina.*

Los embriones de anfibios de la especie Xenopus laevis *son un modelo tradicional para el estudio del desarrollo embriológico y constituyen el que mejor se presta para analizar las alteraciones de cualquier tipo en las etapas más tempranas del desarrollo embrionario, a diferencia de los modelos experimentales pollo y ratón, que no permiten estudiar de la misma manera los efectos de moléculas o fármacos.*

Este modelo experimental, al igual que los otros mencionados, es adecuado para inferir posibles alteraciones y síndromes por defectos del desarrollo anotados en la descripción médica.

Esto se debe a que el grupo de los vertebrados comparten una sorprendente conservación de los mecanismos genéticos que regulan el desarrollo embrionario y, por lo tanto, en gran medida, son conceptualmente homologables a la formación del embrión humano, al punto

---

[102] http://goo.gl/P7lY4u

que la investigación y determinación de estos mecanismos ha servido para comenzar a comprender determinados síndromes descriptos en la clínica.

Por ello en este momento es parte del proyecto sobre los efectos del glifosato en la mecánica del desarrollo embrionario incorporar el estudio de otros modelos de desarrollo.

El suscripto ha trabajado en embriología molecular desde 1981, siendo una de las contribuciones más importantes el descubrimiento y caracterización de los genes Hox en vertebrados en 1984.

La idea original de usar nuestra experiencia en mecanismos que controlan el desarrollo embrionario temprano y aportar una base experimental sobre los efectos del glifosato puro y del herbicida que lo contiene en embriones de Xenopus laevis *surge hace aproximadamente dos años a raíz de experiencias, contactos y viajes personales a distintos lugares del país y la falta de datos experimentales, al menos en mi conocimiento, de evidencias sobre alteraciones producidas por el glifosato sobre el desarrollo embrionario de vertebrados durante las críticas etapas tempranas y en condiciones experimentales controladas.*

Uno de los mejores reportes sobre los efectos del glifosato en células embrionarias en cultivos, fue realizado por el grupo de J. Seralini (2005, 2007 y 2009).

Otro aporte importante sobre los efectos del desarrollo embrionario del erizo de mar fue reportado por Marc J. et al, Toxicol. Appl. Pharmacology 203 (1, 2005).

Cabría agregar que existieron otros hechos para iniciar esta investigación:

- *Los reportes médicos sobre malformaciones de San Cristóbal y Malabrigo, Prov. De Santa Fe con índices de 12 malformaciones sobre cada 250 nacimientos, reportados por el Dr. Rodolfo Páramo.*
- *Otros ejemplos similares en Monte Cristo, Córdoba; Las Petacas, Santa Fe; Ituzaingó, Córdoba.*

- *El reporte de Horacio Lucero, Jefe del Laboratorio de Biología Molecular del IMR, Chaco.*
- *El pedido de la Cámara de Diputados de Santa Fe al Poder Ejecutivo de la Provincia para que SENASA recategorizara al glifosato como de alta peligrosidad clase I.*
- *La clasificación de altamente tóxico de la Northwest Coalition for Alternative to Pesticides, entre otros.*

Esta comunicación tiene como función reportar los resultados generados hasta el presente. La necesaria profundización de los mismos será conducida por el suscripto con el fin de comprender con mayor profundidad los mecanismos involucrados y la mecánica de las alteraciones observadas. La comunicación preliminar lleva sus interpretaciones e hipótesis en base a los resultados obtenidos hasta el momento.

Efecto del glifosato en el desarrollo embrionario de Xenopus laevis
Introducción

Los herbicidas y sus componentes

Una semilla transgénica es un desarrollo tecnológico que forma parte de un paquete tecnológico, inseparable del herbicida al que está asociada. Siempre en esta lógica, el herbicida en cuestión sirve para seleccionar una planta modificada genéticamente para que sea resistente al mismo y que al mismo tiempo destruya las que no lo son.

Por lo tanto estos experimentos fueron dirigidos a estudiar los efectos que pudieren producir en el desarrollo de vertebrados —en particular durante el crítico período de la gastrulación y morfogénesis temprana— uno de los más comunes herbicidas usados en la agricultura.

Los herbicidas del tipo del Roundup contienen glifosato en diferentes concentraciones además de adyuvantes, detergentes que facilitan la absorción del glifosato por la planta. Por ejemplo POEA (tallowami-

na polietoxilada) (POEA como otros detergentes son utilizados para facilitar la penetración en las plantas del glifosato, para mejorar la eficacia de la acción del herbicida permitiendo una mayor concentración del mismo en las células vegetales. Todos los detergentes o sustancias tensioactivas son tóxicos para las células vivas porque alteran su membrana y cambian sus propiedades alterando la actividad metabólica. Por lo cual son en general nocivos y las células son dañadas hasta la muerte como lo mostró en distintos cultivos celulares el grupo de J. Seralini) es uno de los más comunes y muy tóxico dado que se degrada lentamente y por lo tanto se acumula en las células.

De esta descripción se desprende que uno de los objetivos de este trabajo fue discriminar la posible actividad tóxica de cada componente en la mezcla comercial y determinar similitudes y diferencias entre el herbicida con sus aditivos, de la acción del glifosato puro. Las diluciones recomendadas para la fumigación por la industria agroquímica oscilan entre el 1 al 2 % de lu solución comercial (10 a 20 ml por litro).

En la realidad, las diluciones empleadas actualmente están por encima de estos valores (10 % o más). Sin embargo, resulta dificultoso establecer cuál es la situación real en el modo de uso de estos herbicida debido la falta de información y control de uso de dosis necesarias en los cultivos, no habiendo estudios sobre la progresiva resistencia de las malezas, la largamente cuestionada biodegradabilidad y por lo tanto inocuidad de los componentes de los herbicidas para el medio ambiente y la salud humana.

Antecedentes de estudios experimentales del daño celular producidos por glifosato

Estudios en líneas celulares animales (Benachour Netal, Arch. Environ. Contam. Toxicol., 2005 and Benachour N. and Seralini Gilles-Eric, Chemical Research in Toxicology, vol 22, 97-105 enero 2009) usando marcadores enzimáticos de daño de la mitocondria (succinato de hidrogenasa) y de muerte celular programada (caspasas

3/7) mostraron el efecto tóxico en dosis inferiores 10 a 1.000 veces menores a las usadas en agricultura producidas tanto por el herbicida comercial como por el glifosato puro.

(...)

Otra contribución reveladora realizada por el grupo de Seralini sostiene que diluciones del herbicida glifosato del orden 1/1.000 producen, en cultivos de células animales, destrucción de membranas y daño mitocondrial que llevan a la destrucción celular.

Es en este punto que se hace necesario analizar el problema con rigurosidad en relación con el posible efecto tóxico de las mezclas comerciales de los herbicidas precisando cuál es la contribución del glifosato puro en los posibles efectos que se vienen observando en los estudios observados hasta ahora por distintos grupos nacionales y extranjeros.

Según Seralini, el glifosato puro parece actuar en el curso de las primeras 24 horas activando las caspasas e induciendo muerte celular (apoptosis) en cultivos de células con dosis de 500 a 1.000 veces menores que las usadas en agricultura y 200 veces menores que las necesarias para producir daño de membranas.

Por cierto tanto el herbicida comercial como el glifosato puro inducen muerte celular, pero mientras el primero parece ser el resultado de necrosis y apoptosis combinadas, el segundo por su acción a dosis muy pequeñas podría inducir apoptosis, y que al menos en parte, podría ejercer su efecto desde receptores de membrana celular.

En otras palabras, el glifosato podría estar interfiriendo en un mecanismo, todavía no explorado, que forma parte de la fisiología normal de las células y eventualmente en nuestro modelo la formación de tejidos y órganos, disparado desde receptores celulares específicos (intracelulares o de membrana).

El glifosato puro también ha llamado la atención como interfiriendo en el mecanismo de reparación fisiológico del DNA que podrían conducir a la acumulación de mutaciones en algunos tipos celulares aumentando el riesgo de procesos de malignización celular.

143

Un reporte experimental en este sentido son los experimentos en huevos de erizo de mar que mostraron que, per se, el glifosato deteriora los puntos de control del ciclo celular asociados a la reparación del DNA, (Marc J. y col, Res. Chem. Toxicology 2002) y el glifosato y su principal metabolito (AMPA) alteran la transcripción en embriones de erizo de mar (Marc J. y col, Toxicol. Appl. Pharmacol. 2005) afectando el desarrollo embrionario.

Esos puntos de control, esenciales para la célula, parecen asociarse a las CDK/ciclina B y su alteración induce a las células, vía el camino de las caspasas, a la apoptosis. (Belle R. y col, J. Soc. Biol. 2007, Le Bouffant R. y col, Cell. Mol.Life Sc. 2007)

Estudio de los efectos del glifosato

El estudio del desarrollo embrionario es ideal para determinar la concentración de un agroquímico como el glifosato tanto para estudiar mecanismos fisiológicos que conduzcan a producir células cancerosas o alteraciones durante el desarrollo como los observados en el estudio realizado aquí.

Materiales métodos y diseño experimental

Concentraciones de la solución herbicidas: la concentración estimada de glifosato del herbicida usado está estimada entre 500 y 600 g/l. Las diluciones para fumigar en agricultura están establecidas entre 1% y 30%. Esto equivale a aspersiones que van desde 6 gr/l a 200 gr/l respectivamente.

Análisis de resultados y estrategias empleadas

1. Por inmersión: los embriones, como se desarrollan en medio líquido, se sumergen en una solución salina similar a la del medio natural con diluciones del herbicida comercial 1/5000.

2. Por microinyección. Glifosato puro fue inyectado en una de las dos primeras células embrionaria. (La dosis corresponde al rango detectado por Peruzzo P. et al, Environmental Pollution, 2008, para aguas del sistema Pergamino-Arrecifes, Provincia de Buenos Aires, y por la Agencia de Protección Ambiental en territorio estadounidense).

3. Marcadores moleculares. El análisis de efectos en los embriones a distintos estadios del desarrollo se hizo usando la técnica in situ hibridización para detectar la expresión específicos de genes marcadores de territorios y poblaciones celulares de la placa neural temprana, formación eje anteroposterior embrionario, estructuras romboencefálicas y cresta neural, etc. El patrón formación de los cartílagos cefálicos en renacuajos se analizó con la tinción de Alcian Blue.

Resultados

1. Embriones del anfibio Xenopus laevis *fueron incubados por inmersión en el herbicida en diluciones 1/5000, desde estadio de dos células hasta su análisis experimental. La dilución corresponde a dosis de glifosato entre 50 y 1.540 veces inferior de las usadas en el campo (tomando rango de diluciones entre el 1 % a 30 % respectivamente) y 5.000 veces menos de la solución comercial. Mayores dosis matan los embriones.*

2. Embriones de Xenopus laevis *fueron inyectados con 5 nl. de glifosato puro en una blastomera en el estadio de dos células y dejados desarrollar hasta diferentes estadios del desarrollo embrionario. La dosis de glifosato inyectada en los embriones representa aproximadamente 10.000 a 300.000 veces menores que las usadas en el campo (tomando rango de diluciones entre el 1 % y 30 % respectivamente).*

Experimentos de inmersión de herbicida,

* *Disminución del largo del embrión, alteraciones que sugieren defectos en la formación del eje embrionario.*

• Alteración del tamaño de la zona cefálica con compromiso en la formación del cerebro y reducción de ojos y alteraciones de los arcos branquiales y placoda auditiva.

• Alteración de los mecanismos de formación de la placa neural evidenciados por una disminución de neuronas primarias que podrían, como en otros casos observados anteriormente, afectar el normal desarrollo del cerebro, cierre del tubo neural u otras deficiencias del sistema nervioso. (Franco et al. Development 1999 y Paganelli et al. MOD 2001)

Experimentos con glifosato puro,

• Alteraciones en la formación y/o especificación de la cresta neural craneal. (La cresta neural craneal es un conjunto de células ordenado en un territorio adyacente a los bordes externos de la placa neural que tienen como destino, entre otros con los arcos branquiales, la formación de cartílagos y huesos faciales. Cualquier alteración de forma por fallas de división celular o de muerte celular programada en esta región conduce a malformaciones faciales serias. En el caso de los embriones inyectados observamos una disminución de los marcadores de este tejido embrionario compatibles con una inhibición de la expresión de los mismos o con una disminución del número de células. Es sugestivo que la consecuencia de lo anterior se traduzca en una deformación de los cartílagos —condrogenesis craneal— cefálicos que constituyen el patrón de forma de los huesos de la cara. Esto es compatible con alteración de la muerte celular programada necesaria para la organización de la forma y por lo tanto con malformaciones craneales tal como fue sugerida en estudios ecotoxicológicos en anuros por Lajmanovich y col. de la Univ. del Litoral).

• El tubo intestino muestra alteraciones en su rotación y tamaño además de posibles alteraciones en la región cardiogénica.

Discusión

La acción del glifosato sobre los embriones sugiere un efecto específico que distorsiona o altera procesos biológicos normales en territorios y tejidos específicos. Las dosis usadas de glifosato son bajas, lo que habilita a especular que no son suficientes para dañar membranas mitocondriales con muerte celular masiva, sino que actúan con tiempo necesario para la activación de las caspasas (enzimas asociadas a apoptosis) que desencadenarían la muerte celular programada en territorios específicos.

Los efectos observados del glifosato puro, en particular sobre cresta neural craneal y sus derivados, que pueden ser efectivamente compatibles con alteraciones en la regulación de la muerte celular programada, como ha sido reportado por otros grupos de investigación y son particularmente relevantes ya que resaltan los experimentos en cultivo de células del grupo de Seralini en Francia y los trabajos del grupo de la Univ. Nacional del Litoral en larvas de anfibios, (Lajmanovich et al Bull. Enviro.Contam.Toxicology, 2003). Los resultados de este grupo en anfibios, se condicen con las observaciones de nuestros experimentos embriológicos.

Por lo tanto, el hecho de que en los experimentos aquí presentados tanto el glifosato como el herbicida comercial afecten durante el desarrollo embrionario territorios embrionarios discretos (cabeza, ojos, intestino, branquias) formados por tejidos y órganos específicos sugiere que:

1. En cada momento del desarrollo del embrión selectos grupos celulares parecen ser más sensibles al glifosato que otros, probablemente debido a estados funcionales distintos (proliferación, diferenciación o migración celular). En algunos de ellos las células podrían presentar más sensibilidad que otras en un momento dado y habilitar a ser afectadas por el glifosato (por ejemplo poblaciones celulares que están en etapas de división celular o muerte celular programada o apoptosis).

2. En consecuencia, los efectos observados con las dosis aquí empleadas, en ambos grupos de experimentos, no destruyen completa-

mente al embrión (una forma de muerte celular masiva) sino que alteran con distintas intensidad la forma y desarrollo de territorios morfogenéticos discretos.

3. Otro aspecto a resaltar es que concentraciones muy reducidas de glifosato como las usadas aquí respecto de las usadas en el terreno, producen en el embrión efectos reproducibles tanto morfológicos como moleculares acotados. Al menos hasta donde la interpretación de los marcadores moleculares nos permiten.

4. Esto posibilita interpretar que el sustento de los efectos aquí reportados producidos por el glifosato estén asociados a la interferencia de mecanismos normales de regulación del desarrollo embrionario.

5. La conservación de la mecánica, regulación genética, especificación y determinación de territorios y poblaciones celulares durante el desarrollo embrionario, bien establecida desde los años 80 con el descubrimiento de los programas que conduce las morfogénesis (genes IIox) y los avances en la interpretación de las bases evolutivas de los vertebrados permiten inferir desde el principio de precaución de la ciencia médica que las alteraciones descriptas sean efectivamente extrapolables al efecto sobre el desarrollo de cualquier vertebrado. El principio de precaución prevalece ante cualquier sospecha de daño a la salud pública.

Los experimentos por microinyección con uso posterior de marcadores moleculares de territorios y/o poblaciones celulares con cantidades discretas y controladas de glifosato puro en blastomeras embrionarias, tienen la ventaja de estudiar los efectos en las etapas tempranas del desarrollo cuando los procesos de morfogénesis están modelando el embrión y de asociar directamente a la droga con el efecto observado, evitando las posibles variaciones del medioambiente y la interferencia de los otros componentes.

El enfoque estratégico no pretende ser un estudio ecotoxicológico, sino encarar con marcadores moleculares y otras técnicas, la investigación de los mecanismos celulares propios del desarrollo embrionario normal que pudieren estar involucrados en su alteración.

Por lo tanto trata de independizar las observaciones experimentales de las variaciones del medio ambiente y de las conocidas diferencias de sensibilidad propias de las especies en su medio ambiente natural (pH, temperatura, concentraciones variables y diferentes mecanismos de absorción y excreción).

Las pruebas médicas

La preocupación de especialistas de la salud, académicos de la misma área y tanto damnificados como potenciales afectados por las consecuencias nocivas del modelo de producción agropecuaria, dio origen a un trabajo conjunto que poco a poco comenzó a ganar visibilidad social.

Este movimiento mostró su magnitud a través de diferentes estudios y relevamientos que, siempre de forma espontánea e independiente, y cada vez con mayor asiduidad, empezaron a llevarse a cabo en pueblos y ciudades insertas en las principales zonas agrícolas.

La sumatoria de estas experiencias originó un hecho inédito que tuvo lugar en Córdoba a fines de agosto de 2010: el Primer Encuentro Nacional de Médicos de Pueblos Fumigados.

Durante dos días, y bajo la coordinación del doctor Medardo Ávila Vázquez y su par Carlos Nota, más de 160 participantes de las provincias de Córdoba, Santa Fe, Buenos Aires, Neuquén, Chaco, Santiago del Estero, Entre Ríos, Salta, Misiones y Catamarca, entre otras, y representantes de seis universidades nacionales, expusieron detalles y efectos de una de las prácticas clave del sistema agrario vigente.

El encuentro en cuestión derivó en un documento[103] que, robusto en argumentos y documentación, reúne las exposiciones de especialistas que no dudaron en vincular a las fumigaciones con el incremento de males como las malformaciones congénitas, los abortos espontáneos, las leucemias y otros tipos de cáncer, las

---

[103] http://goo.gl/hWsBj6

afecciones respiratorias, las disrupciones hormonales, las anemias o las afecciones al sistema nervioso central.

"...lo que más alarma a los médicos de los pueblos fumigados son dos observaciones principales: en primer lugar una mayor cantidad de recién nacidos que presentan malformaciones congénitas y muchos más abortos espontáneos que los que habitualmente se producían en sus poblaciones de pacientes. En segundo lugar, una mayor detección de cánceres en niños y adultos, y enfermedades severas como púrpuras, hepatopatías tóxicas y trastornos neurológicos", expone el resumen final del encuentro, en uno de sus primeros apartados.

Y añade: "Los médicos destacaron que ellos atienden, en general, desde hace más de 25 años a las mismas poblaciones, pero lo que encuentran en los últimos años es absolutamente inusual y lo vinculan directamente a las fumigaciones sistemáticas con plaguicidas".

Durante las actividades que se concretaron entre el 27 y el 28 de agosto del 2010 hay que destacar, en primer término, testimonios como el del doctor Rodolfo Páramo, pediatra y neonatólogo del hospital público de Malabrigo, localidad de alrededor de 10.000 habitantes de Santa Fe, quien expuso la alarma que le produjo encontrar 12 casos de neonatos con malformaciones sobre 200 nacimientos anuales ocurridos en esa localidad durante 2006.

En paralelo, la doctora María del Carmen Seveso, jefa de Terapia Intensiva del hospital 4 de Junio de Presidencia Roque Sáenz Peña, provincia del Chaco, enumeró los males sanitarios que en ese momento azotaban a localidades de esa provincia como Napenay (cerca de 5.000 habitantes), Gancedo (7.500 habitantes), Tres Isletas (20.000), Colonia Elisa (15.700), Santa Sylvina (10.000), y Avia Terai (12.000).

Seveso reportó múltiples casos de enfermos con insuficiencia renal, malformaciones congénitas en hijos de madres jóvenes, cáncer en personas de corta edad, abortos espontáneos y problemas de fertilidad, respiratorios y alérgicos agudos en las diferentes poblaciones mencionadas.

"Todos ellos vinculados, por los equipos de salud, a un mayor nivel de contaminación química del ambiente, generado por la práctica agroindustrial impuesta en la zona, que desplazó a los pequeños y numerosos predios de algodón preexistentes y exterminó el bosque nativo", destaca el documento de Médicos de Pueblos Fumigados.

Para luego agregar: "El mismo equipo de salud detectó numerosos casos de distress respiratorio, compatibles con inhalación del herbicida paraquat, y además les llamó mucho la atención el aumento de los casos de Hipertensión Inducida por el Embarazo y eclampsias (convulsiones en embarazadas) y preeclampsias en los últimos años, las que, sospechan, podrían estar vinculadas a la interacción de los agrotóxicos en la etiopatogenia de estos trastornos del embarazo".

En el encuentro de Córdoba también hubo lugar para lo sucedido en La Leonesa, nuevamente provincia del Chaco, donde una arrocera aplicó plaguicidas y, según los vecinos del lugar, esta práctica derivó en un incremento en las malformaciones.

La doctora Ana Lía Otaño, en ese entonces delegada nacional del Ministerio de Salud en el Chaco, presentó los resultados de una comisión conformada para medir la contaminación del agua de La Leonesa, destacando un incremento a nivel provincial de la incidencia de malformaciones congénitas en recién nacidos según datos del Servicio de Neonatología del hospital J. C. Perrando de Resistencia.

La evolución del problema, en el siguiente cuadro:

Año	Casos registrados en un año	Nacidos vivos	Incidencia (malformados/ 10000 nacidos vivos)
1997	**46** malformaciones	**24.030** (nacidos vivos 1997)	19,1 por 10.000
2001	**60** malformaciones	**21.339** (nacidos vivos 2001)	28,1 por 10.000
2008	**186** malformaciones	**21.808** (nacidos vivos 2008)	85,3 por 10.000

Tabla n° 1: aumento de malformaciones congénitas Servicio de Neonatología del Hospital J.C. Perrando de Resistencia Chaco.

En ese 2010, los especialistas reunidos en Córdoba no dudaron en vincular los dramáticos inconvenientes sanitarios relevados en Chaco con el actual modelo de explotación agropecuaria.

"Es notable cómo el avance de las hectáreas sembradas de soja en el Chaco es coincidente con el aumento de las malformaciones congénitas. Incluso esta relación se ve fortalecida cuando se observa el mapa de la mortalidad por causas Q (malformaciones, anomalías cromosómicas y deformidades) que tiene sus incidencias más altas en las zonas sojeras y en La Leonesa, área con elevada utilización de glifosato y otros plaguicidas", destacan los médicos en el trabajo que resume el encuentro.

Esta apreciación, se ve en el siguiente mapa:

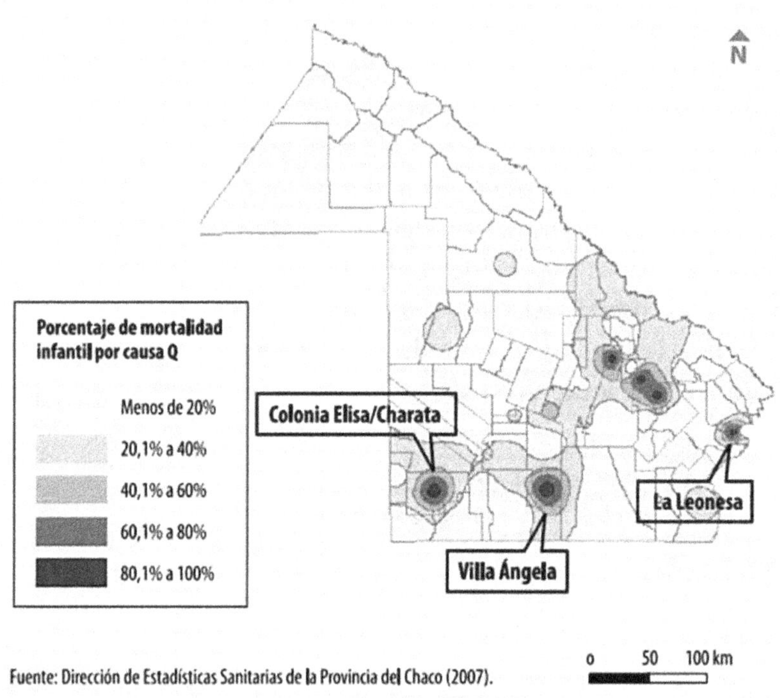

Fuente: Dirección de Estadísticas Sanitarias de la Provincia del Chaco (2007).

Otro testimonio de peso lo brindó Hugo Gómez Demaio, cirujano pediátrico y jefe del Servicio de Pediatría del Hospital de Posadas, Misiones.

Demaio expuso que, aunque el Centro Latinoamericano de Registro de Malformaciones Congénitas (ECLAMC) asegura que la provincia de Misiones posee una tasa de 0,1 bebés con defecto de cierre del tubo neural cada 1.000 nacidos vivos, en el nosocomio de la capital provincial hoy se registran 7,2 casos sobre 1.000 y que dicho indicador va en ascenso.

"Encontramos que con 400.000 habitantes, teníamos más bebés con ese defecto que en Buenos Aires, con 10 millones", declaró el especialista respecto de estos parámetros. "Al empezar a poner alfileres en los lugares donde habían sido gestados esos bebés, lo primero que vimos es que todos habían sido gestados en zonas de uso masivo de agroquímicos", agregó.

El número aportado por Demaio representa 70 veces más que lo expresado por ECLAMC. Los problemas de cierre del tubo neural corresponden a defectos que aparecen en la etapa de gestación del bebé, y que evolucionan provocando desde discapacidades hasta retraso mental en los niños afectados.

De acuerdo al informe de Médicos de Pueblos Fumigados, Demaio sostuvo que su equipo "georreferenció el origen de las familias con estos graves e invalidantes déficits y todos provienen de zonas fuertemente fumigadas. Un panorama similar parecen presentar los cánceres infantiles en Misiones".

También en ese agosto la doctora Gladys Trombotto, genetista del Hospital Universitario de Maternidad y Neonatología de la Universidad Nacional de Córdoba (UNC), divulgó los resultados de estudios epidemiológicos concretados sobre más de 100.000 nacimientos en la maternidad universitaria.

La especialista informó que los bebés nacidos con malformaciones congénitas severas aumentaron entre dos y tres veces entre 1971 y 2003. Un primer informe, hasta 1991, presentaba una incidencia de malformaciones congénitas mayores (MCM) de 16.2 %, mientras que para 2003 la tasa subió hasta superar el 37 %.

En los 31 años que abarca el estudio de Trombotto, siempre según Médicos Fumigados, "nacieron en la Maternidad Nacional 111.000 bebés, de los cuales 2.269 padecían malformaciones congénitas mayores".

"El registro europeo de malformaciones congénitas, EURO-CAT, sobre 69.635 embarazos, refiere una prevalencia de malformaciones de 23.3 % entre 2004 y 2008. El estudio latinoamericano ECLAMC refiere 26.6 % con más de 88.000 casos registrados. La Maternidad de la Universidad de Córdoba registró 37.1 % y una tendencia en aumento", destaca el documento que también aloja las conclusiones de Trombotto.

Al momento de abordar las causales de este fenómeno, la experta mencionó a los agroquímicos como factor de riesgo. Y destacó que este incremento en las malformaciones coincide con la expansión de las fumigaciones. Trombotto sostuvo que una situación similar se repite en países como Chile, Paraguay, Colombia, Estados Unidos, México, Filipinas y Canadá.

En una entrevista[104] publicada por el diario cordobés *La Voz del Interior* a fines de agosto de 2010, la especialista detalló los motivos que impulsaron su investigación. A continuación, algunas de sus declaraciones:

"Me di cuenta de que algo pasaba y me puse a investiga. La tendencia seguía en aumento y no aparecía ningún factor que lo explicara, hasta que en la bibliografía surgió que en Chile estaba pasando lo mismo, en particular en la Sexta Región, donde había un alto uso de agroquímicos. Ahí, en el Hospital Regional de Rancagua, la tasa de malformaciones llegaba al 4,1 por mil, mientras que la global era 0,19 por mil".

La genetista precisó que investigaciones en numerosos países confirmaron el riesgo creciente de tener bebés con malformaciones en mujeres expuestas a agroquímicos. "En España se determinó

---

[104] http://goo.gl/quVC2o

un riesgo cuatro veces mayor; en Nayarit, México, un riesgo tres veces mayor, y en California, Estados Unidos, un estudio halló cuatro veces más riesgo de tener hijos con cardiopatías congénitas en madres expuestas a agrotóxicos", aseguró.

En el encuentro cordobés, que dio lugar a una nueva convocatoria en 2011 aunque ya en la ciudad de Rosario, hubo espacio además para la presentación de un trabajo a cargo de la Cátedra de Toxicología, Farmacología y Bioquímica Legal de la Facultad de Bioquímica y Biología de la Universidad Nacional del Litoral (Santa Fe).

Encabezados por la doctora María Fernanda Simoniello, especialistas de esa unidad académica concretaron una investigación[105] orientada a demostrar el deterioro genético en trabajadores expuestos a plaguicidas.

El trabajo –que la revista científica *Medicina (Buenos Aires)* publicó en diciembre 2010 legitimando, de esa forma, los resultados de la experiencia–, se basó en individuos "del cordón frutihortícola de la ciudad de Santa Fe, donde los plaguicidas más usados eran clorpirifos, cipermetrina y glifosato…".

A través de la técnica conocida como Ensayo Cometa, que permite medir el daño del material genético, los científicos relevaron el estado de las cadenas de ADN en células sanguíneas de 45 personas dedicadas al trabajo de fumigar, 50 individuos expuestos a estas fumigaciones y otros 50 sin contacto con los agroquímicos.

El resultado fue, si se quiere, previsible: el daño genético de los expuestos se mostró hasta un 95 % superior al del grupo carente de vínculo con fumigaciones y químicos.

Por último, de lo divulgado en la reunión de Médicos de Pueblos Fumigados vale la pena mencionar también otra investigación del Departamento de Salud Pública de la Facultad de Agronomía y Veterinaria de la Universidad Nacional de Río Cuarto (UNRC).

---

[105] http://goo.gl/nC9VXI

En este caso, un equipo liderado por la doctora Delia Aiassa tomó muestras sanguíneas de vecinos de localidades rodeadas por cultivos transgénicos de maíz y soja como Río de los Sauces (1.000 habitantes), Gigena (alrededor de 7.000), Marcos Juárez (27.000), Las Vertientes (1.000) y Saira (900).

Lo obtenido coincidió con la experiencia divulgada por Simoniello, con el agregado de que sólo en Las Vertientes el 19 % de las mujeres declararon al menos un aborto espontáneo.

Los resultados del Primer Encuentro Nacional de Médicos de Pueblos Fumigados fueron revalidados un año después en Rosario en el marco de una segunda convocatoria protagonizada por doctores, académicos y afectados por las pulverizaciones.

La cita originó un nuevo documento[106] que, divulgado ya en abril de 2012 y en sintonía con su antecesor, aportó más detalles al cuadro de situación. Y agregó nuevas conclusiones que, de forma acotada, se replican a continuación:

- "Después de 15 años de fumigaciones sistemáticas, los equipos de salud de los pueblos fumigados detectan un cambio en el patrón de enfermedades en sus poblaciones: los problemas respiratorios son mucho más frecuentes y vinculados a las aplicaciones, igual que las dermatitis crónicas; de la misma manera, los pacientes epilépticos convulsionan mucho más frecuentemente en época de fumigación, son más frecuentes la depresión y los trastornos inmunitarios."
- "Se registran altas tasas de abortos espontáneos (hasta del 19 %) y aumentó notablemente las consultas por infertilidad en varones y mujeres."
- "Los rebaños de cabras de los campesinos y originarios registran, en algunas zonas, hasta un 100 % de abortos vinculados a la exposición con pesticidas."

---

[106] http://goo.gl/SXoF13

- "Se detecta también un aumento de trastornos tiroideos y de diabetes."
- "Cada vez nacen más niños con malformaciones en estas zonas, especialmente si los primeros meses del embarazo coinciden con la época de fumigaciones."
- "Síndromes de Down, mielomeningoceles (malformaciones en los huesos de la columna), cardiopatías congénitas, etc., se diagnostican con frecuencia en estas áreas."
- "Los pueblos fumigados también presentan un cambio en sus causas de muerte. Según los datos de los registros civiles a los que hemos podido acceder, encontramos que más del 30 % de las personas que mueren en estos pueblos fallecen por cáncer, mientras que en todo el país ese porcentaje es menor a 20 %."

A tono con una vocación tendiente a profundizar la actual matriz de producción agropecuaria, ninguna de las consideraciones expuestas por este nutrido grupo de expertos de la salud en ambos encuentros resultó tomada en cuenta por los poderes políticos tanto provinciales como nacionales.

En la vereda opuesta a los reclamos y las denuncias elevadas por los afectados –todos habitantes de zonas que, sumadas, albergan a millones de personas–, los escasos pronunciamientos de quienes ostentan el poder para cambiar esta realidad no han sido más que para desacreditar, sin ruborizarse, los testimonios de aquellos que pagan con sus vidas una estructura económica diseñada para beneficio de muy pocos.

Gárgola

La presencia nociva de los plaguicidas excede al mero campo fumigado. Y esa es una realidad sobre la que existen cada vez más pruebas pese a los exiguos controles que sobre todo el kirchnerismo aplicó a los empresarios del agro.

A esa libertad de maniobra que hoy tiene continuidad con Mauricio Macri hay que sumarle, además, la férrea decisión de los gobiernos desde el menemismo hacia acá de maniatar a buena parte de los organismos sanitarios encargados de divulgar cuáles son los efectos de las pulverizaciones masivas.

Pero, más allá de los intentos gubernamentales por silenciar las consecuencias más funestas del modelo de producción agropecuaria vigente, siempre hay puntos de fuga de información.

Una prueba de esto puede ubicarse en un estudio realizado en 2012 por el Instituto Nacional de Tecnología Industrial (INTI). Y cuyos resultados fueron expuestos en el Latin American Pesticide Residue Workshop (LPRW), un foro regional que se realiza cada dos años y en el que se discuten problemáticas como la presencia de pesticidas tanto en alimentos como en el medioambiente en general.

El documento en cuestión, emitido en inglés, aborda un fenómeno al parecer intrascendente para el Ministerio de Salud de la Nación: la presencia de altas dosis de plaguicidas en la leche materna, con los problemas que esto acarreará en el futuro para los lactantes dado el carácter acumulativo que ostentan los pesticidas.

Según la investigación de la división Lácteos del INTI, estudios previos al que se detallará a continuación –concretados en el Hospital Materno Infantil Ramón Sardá de la Ciudad de Buenos Aires– ya habían revelado la presencia de al menos 1 de 23 pesticidas organoclorados como el endosulfan o el ppDDE –degradación del mortífero insecticida DDT, de uso prohibido en la Argentina desde 1992– en el 91.5 por ciento de las muestras de leche obtenidas de distintas madres.

El nuevo monitoreo de INTI-Lácteos se realizó sobre una base de 105 madres del conurbano bonaerense en período de lactancia, 50 de ellas domiciliadas en Vicente López y las restante 55 pertenecientes al municipio de Morón.

Las instituciones sanitarias que tomaron parte del relevamiento fueron el Hospital Materno Infantil Santa Rosa (Florida, Vicente López) y el Hospital Posadas (El Palomar).

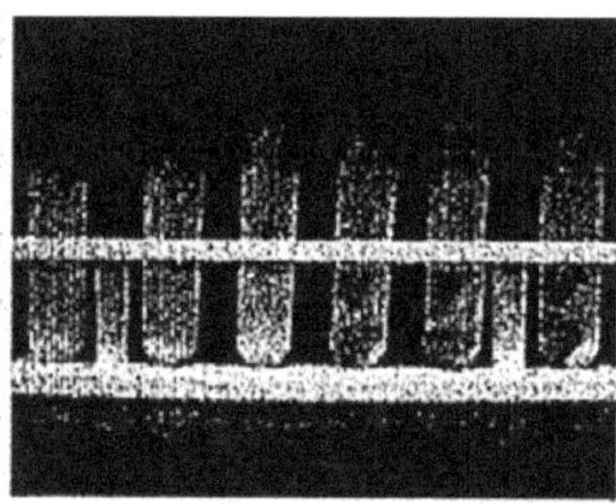

GENERAL DESCRIPTION

There were analyzed 105 samples from women in puerperium period, 50 of them, belonging to Vicente López Municipality, who attended to the Maternal and Child Hospital Santa Rosa (Hospital Materno-Infantil Santa Rosa) and 55 puerperal women, belonging to Morón Municipality, who attended to the Hospital Posadas.

There were excluded those puerperal who: do not want to participate in research, had any pathology (eclampsia, diabetes active, active psychosis, maternal chronic diseases unbalanced), no resident of the two geographical zones, less than 2 years of residence time.

Mothers who had fulfilled the inclusion criteria were informed about the objectives of this research and after their conformity, they complete the survey and sampling was carried out.

Samples were sent from both hospitals to INTI-Lácteos, where they have been storaged in a freezer, protected from light at -15°C.

A lo largo del estudio se analizaron 25 pesticidas en las 105 muestras de leche materna obtenidas, y los resultados fueron contundentes: 16 madres evidenciaron residuos de ppDDE y endosulfan, mientras que 14 exhibieron concentraciones sólo de ppDDE y 4 únicamente de endosulfan.

Pese a que los detalles del informe nunca fueron puestos a disposición del público en general, una de las expertas a cargo de la investigación, la licenciada Patricia Gatti, sí aportó algunos detalles en un artículo divulgado por *Diario Popular* en febrero de 2013.[107]

"La mayoría de las pacientes, incluso las de la maternidad Sardá, provenían del conurbano. En las salas de Vicente López y Haedo es donde se observó una tasa de prevalencia del orden del 15 %. Para establecer este dato se compararon las muestras con los valores establecidos en el Código Alimentario Argentino para la leche fluida y hallamos una concentración de un 15% más de plaguicida de la recomendada", declaró la científica.

En paralelo, Gatti sostuvo que, respecto de los efectos de los plaguicidas en la evolución de los lactantes, "no podemos establecer si pueden ocasionar algún daño a largo plazo y depende del nivel de la ingesta, pero lo que es seguro es que no es recomendable. La bibliografía médica reporta los daños a la salud que ocasiona su ingesta. También que la presencia de estos compuestos ejerce un efecto negativo sobre las características nutricionales de la leche".

La Agencia Ciencia Tecnología y Sociedad (CTyS) de la Universidad Nacional de La Matanza divulgó otros dichos de la especialista. En una entrevista con ese medio[108], también llevada a cabo en febrero de 2013, Gatti reconoció que la característica acumulativa que distingue a los pesticidas, aun cuando su concentración en la leche materna resulte en dosis bajas, "puede producir un efecto crónico que podría manifestarse en distintas patologías a largo plazo".

[107] http://goo.gl/ce7BMl
[108] http://goo.gl/5vTpB5

Situados nuevamente en el estudio del INTI, resta decir que la prueba aporta información para el posterior desarrollo de estudios en agua y suelo que determinen la posible fuente de contaminación.

"El ppDDE es una degradación biológica del DDT, por lo tanto sus rastros revelan la exposición de las mujeres al producto", precisa el trabajo. Para luego, en el último tramo del estudio, concluir que "los resultados mostraron que los infantes fueron contaminados debido (precisamente) al consumo de leche materna...".

VÍNCULO ENTRE AGROQUÍMICOS Y EPIDEMIA DE DENGUE

"Los sapos machos se vuelven hembras y están desapareciendo".

La frase, esbozada casi como un comentario al pasar, pertenece a Medardo Ávila Vázquez, médico pediatra, neonatólogo y docente de la Facultad de Medicina de la Universidad de Córdoba a quien ya hemos citado. Y surge de una de las tantas charlas concretadas con el especialista con el fin de ahondar en los múltiples efectos negativos que tiene sobre los ecosistemas la aplicación indiscriminada de plaguicidas.

"Hay un vínculo muy fuerte entre las fumigaciones y el resurgimiento de enfermedades como el dengue. Buena parte de la epidemia que tuvo lugar en Chaco en 2009 está relacionada con la tala del monte para sembrar soja y el uso de agroquímicos que eliminan a los depredadores naturales de los mosquitos. La desaparición de los sapos es una muestra de eso", amplió Ávila Vázquez.

El tenor de tal apreciación obliga a colocar la atención en un problema sanitario que, erradicado de la Argentina en 1960 según reportes del Ministerio de Salud de la Nación[109], reapareció a partir de 1998 en algunas poblaciones de las provincias de Salta, Formosa, Jujuy, Corrientes y Misiones, hasta la explosión de casos de 2009.

Precisamente ese año, la localidad chaqueña de Charata rompió todas las marcas con alrededor de 11.000 casos de dengue sobre una población total apenas superior a los 35.000 habitantes.

Siempre según el Ministerio de Salud de la Nación, 2009 cerró con más de 26.600 casos de dengue confirmados a nivel nacional,

---

[109] http://goo.gl/Gf1G3Q

que se distribuyeron en 14 jurisdicciones (13 provincias y la Ciudad Autónoma de Buenos Aires).

Las cifras oficiales, ampliamente cuestionadas en el interior de la Argentina, fijaron en 5 el total de muertos por la epidemia.

Pero la evolución de la enfermedad no quedó circunscripta sólo a los sucesos de 2009. Año a año, sobre todo entre los meses de enero y abril, se repiten las denuncias respecto de la aparición de nuevos casos. Y una muestra de esto puede ubicarse en los más de 20.000 infectados con dengue registrados sólo en las primeras 11 semanas de 2016.[110]

Al momento de evaluar las variables que operan a favor del crecimiento de este problema, expertos y estudios coinciden en una primera conclusión: pese a no ser endémico, el dengue parece haber irrumpido para quedarse definitivamente en la Argentina.

Y aunque su despliegue es imposible de atar a un solo factor, la expansión de la enfermedad guarda relación directa con la ampliación de la frontera agropecuaria, la supremacía de los monocultivos a base de transgénicos y la masiva aplicación de pesticidas.

Javier Souza Casadinho es ingeniero agrónomo, profesor de la Facultad de Agronomía de la Universidad de Buenos Aires (UBA), y coordinador de la Red de Acción en Plaguicidas y sus Alternativas para América Latina (RAP-AL).

Investigador y autor de trabajos que, específicamente, abordan el vínculo entre los monocultivos y la reaparición del dengue, Souza Casadinho produjo en abril de 2009 un documento[111] en el que ya daba cuenta de los efectos del modelo vigente de producción agraria en la situación sanitaria de provincias como Chaco o Santiago del Estero.

En ese texto, el especialista no tuvo reparos en sostener que "es indudable que el modelo productivo basado en el monocultivo de soja transgénica, la utilización de herbicidas, fungicidas e insecti-

---

[110] https://goo.gl/uiEoIv
[111] http://goo.gl/AzJdVl

cidas, posee su impacto en la tasa de reproducción y supervivencia del vector", esto es, el mosquito *Aedes aegypti*.

"En primer lugar la deforestación y quema de bosques y montes, para dedicar las tierras al cultivo de soja, ha determinado la migración de los mosquitos hacia otras zonas donde han encontrado condiciones óptimas para su supervivencia. En este caso también posee una notable influencia el cambio climático, en especial la elevación de las temperaturas y el cambio en las condiciones de humedad", argumenta Souza Casadinho en otro tramo de su trabajo.

Para luego agregar: "Los huevos embrionarios pueden resistir temperaturas extremas manteniéndose viables entre 7 meses a un año. Dado que en sí mismos los monocultivos son insustentables requieren la utilización creciente de insecticidas y herbicidas con los cuales no solo impactan en la supervivencia de los insectos sino en la de sus enemigos naturales".

Pero en ese 2009 fatídico para el sistema sanitario de la Argentina en general y de Charata en particular, no sólo Souza Casadinho ligó la problemática del dengue al esquema de producción. También surgieron voces como la de Humberto Bravo, por entonces presidente del Colegio Médico Gremial de Resistencia, Chaco.

En una serie de apariciones periodísticas, Bravo denunció que, de confeccionarse un mapa con la distribución del dengue tanto a nivel nacional como regional, el gráfico coincidiría completamente con otro que refleje la expansión del cultivo de soja[112].

Lo expuesto por Bravo debe su origen a otro artículo que, obra del ingeniero agrónomo y médico genetista Alberto Lapolla –fallecido en mayo de 2011–, también vio la luz en 2009.

Bajo el título *Argentina: sojización y dengue, una mancha más para el complejo sojero*[113], dicho trabajo denuncia "la equivalencia del mapa correspondiente a la invasión mosquitera, con el que la multinacional Syngenta llamaba de 'la República Unida de la

---

[112] http://goo.gl/lgCINZ

[113] http://goo.gl/FyccqT

Soja', es decir, la región comprendida por las zonas de Bolivia, Paraguay, Argentina, Brasil y Uruguay sembradas con el mágico poroto transgénico forrajero producido por Monsanto...".

En otro pasaje, el documento señala que el uso masivo de glifosato y otros pesticidas como el paraquat posee una acción devastadora sobre la población de peces y anfibios que naturalmente controlan la evolución poblacional de los transmisores del dengue.

"Esto puede comprobarse por la casi desaparición de la población de anfibios en la pradera pampeana y en sus cursos de agua principales, ríos, arroyos, lagunas y bosques en galería, así como el elevado número de peces que aparecen muertos o por la aparición de los mismos con fuertes deformaciones físicas y con graves afectaciones en su capacidad reproductiva, como han informado reiterados estudios e investigaciones de diversas instituciones de la Pampa Húmeda", destaca el texto de Lapolla.

Medardo Ávila Vázquez es otro de los especialistas en mencionar a la oleaginosa y su forma de producción como los grandes responsables de lo sucedido en Charata.

"Era una ciudad chica rodeada de plantaciones de algodón hasta que llegaron los empresarios de la soja. Dos años antes de la epidemia generalizada, en Charata se instaló un grupo de productores cordobeses, de la zona de Oncativo, que desplazaron a los pequeños productores de algodón. Estos productores talaron el monte, sembraron soja, fumigaron, y así desbalancearon totalmente el equilibrio ecológico de la zona. Los mosquitos *Aedes*, al no encontrar depredadores que los afecten, se reprodujeron hasta generar las condiciones que derivaron en la epidemia", detalló el experto.

En una larga charla concretada a fines de julio de 2013, Souza Casadinho se mostró en sintonía con Ávila Vázquez e incorporó, además, otra variable respecto de los inconvenientes que año a año generan los vectores de la enfermedad: el desarrollo, por parte de los mosquitos, de resistencias genéticas a los plaguicidas, algo que hasta ahora no ocurre con sus depredadores naturales.

"Los insectos se están volviendo cada vez más inmunes a los productos que se utilizan en el campo, y transmiten esa inmunidad a su descendencia mucho más rápido de lo que lo hacen, por ejemplo, los sapos. Esto, porque depositan más huevos, tienen más cantidad de generaciones nuevas al año, y cada una de estas nuevas generaciones ya viene con la resistencia a determinados químicos", comentó el especialista.

Souza Casadinho coincide con lo expuesto por Lapolla hace más de cuatro años en que sapos, ranas y peces carecen de esta ventaja.

"Abundan los trabajos que demuestran cómo la atrazina, el endosulfan, el clorpirifos o el 2,4-D cambian el metabolismo o directamente provocan la muerte de estas especies", dijo, para luego abordar lo expuesto al comienzo de este capítulo: la desaparición de los sapos.

"Cuando digo cambiar el metabolismo, me refiero a que herbicidas como la atrazina, de amplio uso en la producción de maíz, inciden sobre el sistema endócrino de los sapos alterando los esquemas de reproducción. Los machos se transforman en hembras", precisó.

Los dichos de Souza Casadinho toman aún mayor peso si se toman en cuenta investigaciones como la divulgada en 2010 por la universidad estadounidense de Berkeley.

Publicado por la revista especializada *Proceedings of the National Academy of Sciences*, el trabajo en cuestión –dirigido por el profesor Tyrone B. Hayes– arrojó que, expuesta a pequeñas cantidades de atrazina, una población de anfibios macho quedó esterilizada químicamente en su gran mayoría (75% de los integrantes del experimento), mientras que el 15% restante mutó a hembra.

"Los machos de rana pierden testosterona y todo lo que esa hormona controla, incluido el esperma. Así que su fertilidad es tan baja que llega al 10% en algunos casos", puntualizó Hayes, en un artículo divulgado por el diario español *El Mundo*.[114]

---

[114] http://goo.gl/W5NS

"Aunque el experimento se ha llevado a cabo en laboratorio, otros estudios de campo muestran que la atrazina es un disruptor endocrino tan potente que está afectando a las ranas en el medio salvaje y puede posiblemente ser la causa de la disminución de anfibios en todo el mundo", añadió el investigador en la nota.

Según la publicación ibérica mencionada, "en el medio natural, las ranas macho son hermafroditas en su etapa juvenil. En el estudio se comprobó que machos adultos pasaban a ser hembras al entrar en contacto con la atrazina. Ésta, al actuar sobre el sistema endocrino atenúa las hormonas que confieren los caracteres masculinos y, por tanto, permite la expresión reforzada de los valores femeninos. En el trabajo llevado a cabo en laboratorio, los machos auténticos copularon y procrearon con los machos feminizados".

De vuelta en la investigación de Souza Casadinho de 2009, el especialista también observa en la presencia renovada del mosquito *Aedes aegypti* un indicio claro del cambio climático, que en compañía de diferentes factores aparece como otra consecuencia del esquema de producción agropecuaria implementado tanto en la Argentina como en los países vecinos.

"El cambio climático que se manifiesta a partir de una elevación de la temperatura y de las condiciones de humedad ha propiciado tanto la ampliación de la zona de distribución como el incremento del número de generaciones anuales del mosquito y, por ende, mejores condiciones para la expansión de la enfermedad", afirma el trabajo.

"Ahora bien, el cambio climático no ha ocurrido naturalmente o por azar, por el contrario, se relaciona tanto con el incremento en las actividades industriales, los transportes, la quema de bosques que generan dióxido de carbono, como con el descenso en la superficie cubierta por árboles que absorben ese compuesto. De nuevo hallamos una relación entre el modelo de producción agrícola y la expansión de la enfermedad", añade.

Souza Casadinho destacó una y otra vez la injerencia de los plaguicidas en la expansión del dengue.

"Aunque el mosquito no es un blanco para los productores, al recibir los pesticidas que se utilizan para los cultivos adquieren fortalezas para llegar a más zonas del país. Si bien inciden otros factores, algo similar está ocurriendo con la vinchuca. El Chagas también se está extendiendo en Argentina y ahora ya encontrás al insecto que transmite la enfermedad en lugares como Mendoza. Esto hace treinta años no pasaba", aseguró.

¿Qué sucede con las políticas nacionales y provinciales diseñadas para mitigar el flagelo del dengue? Souza Casadinho fue categórico: "Los sistemas de salud todavía no están preparados para analizar los cambios que se dan en la producción económica. Operan sobre la urgencia, sobre el problema ya descontrolado. Aunque el dengue lleva sus años de resurgido en el país, los gobiernos siguen corriendo la enfermedad de atrás".

La realidad muestra que el dengue ya es una dolencia que cada año dice presente tanto en los territorios más cálidos del país como en las provincias de clima más duro como Neuquén o Chubut. A esta problemática sanitaria se ha sumado, sobre todo en 2016, la aparición de los primeros casos de zika y el temor ante potenciales brotes de chikunguya, ambas enfermedades transmitidas también por el mosquito *Aedes aegypti*.

Mientras tanto, y totalmente desentendido de estas cuestiones, el sector productivo continúa adelante con una práctica agrícola que, de la mano de las fumigaciones, ha minado el control natural de las especies que actúan como vectores atípicos hasta hace poco más de una década. La presión ambiental vigente permite suponer que, hacia adelante, la expansión de estas dolencias no hará más que acrecentarse.

El veneno que llega a la mesa

La cualidad nociva que distingue a los plaguicidas, sumada a su utilización masiva por parte de los productores agrícolas, rompe con cualquier intento por acotar el alcance tóxico de estos compuestos a las zonas rurales.

De ahí que, aunque exista la decisión política de mantener la problemática de las fumigaciones fuera de las discusiones sanitarias que se llevan a cabo en las grandes ciudades, se multiplican los casos y las experiencias que exponen cómo la contaminación con agroquímicos no tiene fronteras.

En ese sentido, de 2009 a esta parte se vienen sucediendo relevamientos y denuncias independientes que ponen el foco sobre otro aspecto grave: la presencia y acumulación de pesticidas en los alimentos que se consumen a diario en todo el país.

Raúl Montenegro, biólogo, titular de la Fundación para la Defensa del Ambiente (FUNAM)[115], y ganador del Premio Nobel Alternativo (RLA) en 2004, aportará la primera apreciación sobre los peligros que, por decirlo de un modo ilustrativo, se ocultan dentro de la heladera.

"La mayoría de los alimentos suele contener residuos de plaguicidas fruto de los pésimos sistemas de control que se aplican en el campo y en los propios alimentos. En el caso del glifosato, ni siquiera disponemos de rutinas de laboratorio que permitan su detección en sangre, orina y leche materna", expuso el también titular de la cátedra de Biología Evolutiva de la Universidad Nacional de Córdoba.

---

[115] http://goo.gl/Eg1Yrf

La apreciación de Montenegro otorga un pie perfecto para dar cuenta de las situaciones de comestibles contaminados que se han registrado en diferentes puntos de la Argentina.

Y sirve también de antesala para exponer los detalles de una experiencia inédita que, concretada en julio de 2013, tuvo lugar en la ciudad de Mar del Plata: la extracción de sangre que se realizaron los integrantes de la organización ambientalista BIOS[116] –que desde hace más de tres años alerta sobre la presencia de plaguicidas en verduras de consumo habitual– para demostrar que, cantidades al margen, nadie escapa a la acumulación de pesticidas en el cuerpo.

La acción de BIOS, según explicó Silvana Buján, presidenta de la entidad, tuvo como primer disparador un acontecimiento de abril de 2009.

En la primera quincena de ese mes, el fiscal Carlos Matheu impulsó una investigación de oficio que demostró la presencia de agroquímicos por encima de los valores permitidos en productos frutihortícolas que se comercializaban en el Mercado de Abasto de la ciudad de Córdoba.[117]

Matheu encargó a la Facultad de Ingeniería Química de la Universidad Nacional del Litoral (UNL) una serie de pruebas sobre muestras de acelga, espinaca, lechuga, manzana, durazno, papa y tomates, que arrojaron resultados contundentes: las frutas y verduras en cuestión presentaban altas concentraciones de endosulfan y clorpirifos.

Tras la comprobación, el fiscal abrió una denuncia penal en la que imputó a Jorge Gerhauser, responsable del Servicio Nacional de Sanidad y Calidad Agroalimentaria (SENASA) en Córdoba, y al entonces intendente de la ciudad de Córdoba, Daniel Giacomino, por omisión de los deberes de funcionario público y abuso de autoridad y distribución culposa de mercadería peligrosa para la salud, respectivamente.

[116] http://goo.gl/ykbZ3N
[117] http://goo.gl/NACkb6

En su presentación, el fiscal también incluyó a tres productores a los que acusó directamente de envenenamiento.

Matheu fue apartado de la causa en octubre de ese mismo 2009[118]. El proceso, llevado adelante por el juez de Control Agustín Spina Gómez, continuó hasta 2013 con el sobreseimiento de Giacomino[119] y sin ningún condenado.

También durante octubre de 2009, un estudio realizado por científicos de la Universidad Nacional del Litoral (UNL) y el Conicet ubicó restos de glifosato y endosulfan en granos de soja tanto verdes como maduros.[120]

Un comunicado divulgado en el último tramo de ese año por la misma UNL revela particularidades del experimento.

"Para comprobar los niveles de residuos que pueden quedar en las semillas, los investigadores realizaron pruebas con aplicaciones controladas de Roundup (nombre comercial del glifosato) en tres lotes de la localidad de Franck, en el departamento Las Colonias. En muestreos con una aplicación no se encontraron restos del herbicida, pero luego de analizar la soja sometida a más de dos aplicaciones observaron que aparecían residuos", precisa el texto de la institución.

"Entre 2000 y 2001, otro estudio hecho en las localidades de Diamante y Sauce Pinto, Entre Ríos, pero sobre aplicaciones en soja verde –un producto muy consumido en Asia–, demostró que restos de ambos plaguicidas también estaban presentes", añade.

En otro tramo del comunicado, la UNL informa que "el equipo realizó pruebas en alimentos basados en soja para ver si los tóxicos permanecían a pesar de todos los procedimientos de elaboración. De ese modo, analizaron tofu (una especie de queso), leche de soja, milanesas húmedas y secas".

---

[118] http://goo.gl/3ZnO4H

[119] http://goo.gl/2V0WXW

[120] http://goo.gl/THX5G5

Y aporta una cita de María Inés Maitre, investigadora que formó parte del grupo de especialistas que efectuó las pruebas, para detallar los resultados de la experiencia: "Se encontró glifosato en las milanesas secas, aunque no en cantidades altas, pero significa que luego de los procesos industriales se siguen hallando residuos. También se trabajó en aceites y allí había residuos de endosulfan".

Como se viene detallando, el 2009 fue un año movido. Ya en la ciudad de Mar del Plata, la organización BIOS concretó una acción muy similar a la llevada a cabo por el fiscal Carlos Matheu en Córdoba.

El 7 de diciembre de ese año, y en compañía de una escribana pública, los integrantes de la entidad compraron cinco variedades de verduras en el Mercado Concentrador de Frutas y Verduras del Abasto Central –ubicado en el kilómetro 5 de la ruta 88– para su posterior análisis.

El resultado: alta concentración de dimetoato, clorpirifos y endosulfan en tres de las cinco muestras.

"El morrón, el apio y la lechuga nos dieron muy mal en los análisis que hicimos en el laboratorio Fares. Pero peor que eso fue enterarnos que, desde hacía varios años, el SENASA venía entregándole actas al municipio en las que avisaba que los análisis de las verduras daban alta contaminación. 'Verdura no apta para consumo humano', figuraba en algunas de las actas del SENASA", sostuvo Buján.

Según la titular de BIOS, "durante años, el camino de esas actas elevadas por SENASA al municipio en Mar del Plata no fue otro que el de terminar encuadernadas y apiladas junto con otros expedientes. Ese material, sumado a los resultados de las pruebas hechas a las verduras, nos permitió asentar a fines de 2009 una denuncia penal por presunto envenenamiento".

Buján nos entregó distintas copias de las actas emitidas por el organismo nacional, y en las que se explicita la presencia de plaguicidas en frutas y verduras puestas a la venta.

Por exponer un primer caso, en marzo de 2008 el SENASA detectó contaminación con endosulfan en partidas de tomate:

SENASA

COORDINACION GENERAL DE LABORATORIO VEGETAL
LABORATORIO DE RESIDUOS DE PLAGUICIDAS
Av. Ingeniero Huergo 1001 1° P- Capital Federal (CP1107)
Tel: 4362-1177 int 202 - Fax: 4362-4518
Email: coordglv@senasa.gov.ar

INFORME DE ENSAYO CRQ 22915
FECHA DE INGRESO: 17/03/08   FECHA DE EMISIÓN: 19/03/08

DATOS DEL CLIENTE

NOMBRE	DIRECCION DE FISCALIZACION VEGETAL	
DOMICILIO	.-	
TELÉFONO	.-	
E-MAIL		

DATOS DEL PRODUCTO

TIPO	TOMATE.-
DESCRIPCIÓN	ACTA 09.-
MUSTREO	A CARGO DEL CLIENTE.-
IDENTIFICACIÓN	VS 4957.-

PLAGUICIDAS ORGANOFOSFORADOS
Se investigó: Diazinon, Clorpirifos, Clorpirifos metil, Fenitrotion, Pirimifos metil, Malation, Paration, Paration metil, Dimetoato, Metidation y Metamidofos.

RESULTADO: NO DETECTADO.-

PLAGUICIDAS ORGANOCLORADOS Y PIRETROIDES
Se investigó: HCB, a-HCH, Lindano, Heptacloro, Heptacloro epóxido, Aldrin, Dieldrin, Clorotalonil, Endosulfan (a + B), DDT y derivados, Permetrina, Cipermetrina, Fenvalerato y Deltametrina.

RESULTADO: Res.256/03
          ENDOSULFAN: 0.07 mg/kg.   Tolerancia: 1.00 mg/kg.-

MÉTODO DE ENSAYO: CRQ RP 10
Límite de detección (Organodorados : 0,01 mg/kg y organofosforados : 0,01 mg/kg
Límite de detección (Piretroides): 0,01 mg/kg
OBSERVACIONES: .-
El ensayo fue realizado el día 19/03/08
NOTAS
Los resultados informados sólo se refieren a la muestra ensayada. El laboratorio no se hace responsable por la validez del muestreo o las características del lote.
Este certificado puede ser reproducido únicamente en su totalidad. Sólo se permite su reproducción parcial con la autorización escrita de la Dirección de la DILAB.

MCB.-

Dr. Jorge Kempny
Coordinador de Residuos Químicos y
Métodos de Diagnóstico

Lic. Mario Gómez
Coordinador General
Laboratorio Vegetal

Página 1 de 1

En agosto de 2008, el ente de control no sólo expuso la contaminación de partidas de rúcula con los acaricidas dicofol y tetradifon, sino que además no dudó en declarar a la mercadería, en mayúsculas, como "No apta para consumo":

BUENOS AIRES, 11 de Agosto de 2008

INSTRUCCIÓN DE SERVICIO

COORDINADOR GENERAL REGIONAL
DR. GABRIEL MELENDEZ
CENTRO REGIONAL BUENOS AIRES SUR
PRESENTE

Ref: Programa de monitoreo de contaminantes en frutas y hortalizas

Me dirijo a Usted con el objeto de informarle que producto de monitoreos de especies frutihortícolas en establecimientos mayoristas de frutas y hortalizas, se ha detectado en la Corporación del Mercado Central de Buenos Aires en una partida de Rúcula, que se detallan en el cuadro anexo, presencia de residuos que no cumplen con las normativa vigente.

Producto Frutihortícola	N° de Protocolo	Plaguicida Detectado	Resultado (mg/kg)	Tolerancia[1] (mg/kg)
Rúcula	24717	Dicofol	6.09	0.00
		Tetradifón	2.18	0.00

(1) Tolerancia: Resolución SENASA N° 256/2003

La mercadería en cuestión según información suministrada el día 08/08/08 a esta Dirección por la Corporación del Mercado Central de Buenos Aires, se adjunta nota, pertenecía a la firma XIMABE, Mar del Plata.

En consecuencia, se solicita informarle de la detección de una partida de su propiedad que arrojó resultado positivo, violando así la Resolución SENASA N° 256/03 siendo la mercadería NO APTA PARA CONSUMO.

Por lo tanto, realizar toma de muestras e interdicciones preventivas por presunto riesgo sanitario, según Disposición DNFA N° 1/03, en aquellos lotes productivos de la firma que estén próximos, o que se encuentren en etapa de cosecha o en empaque para verificar si contienen contaminantes que infrinjan la normativa vigente. Las muestras deberán ser enviadas con carácter de urgente al Laboratorio Vegetal de SENASA para la determinación de residuos de plaguicidas, por presunta violación a la Resolución SENASA N° 256/03.

En octubre de ese mismo año, SENASA ubicó residuos de dimetoato en muestras de lechuga:

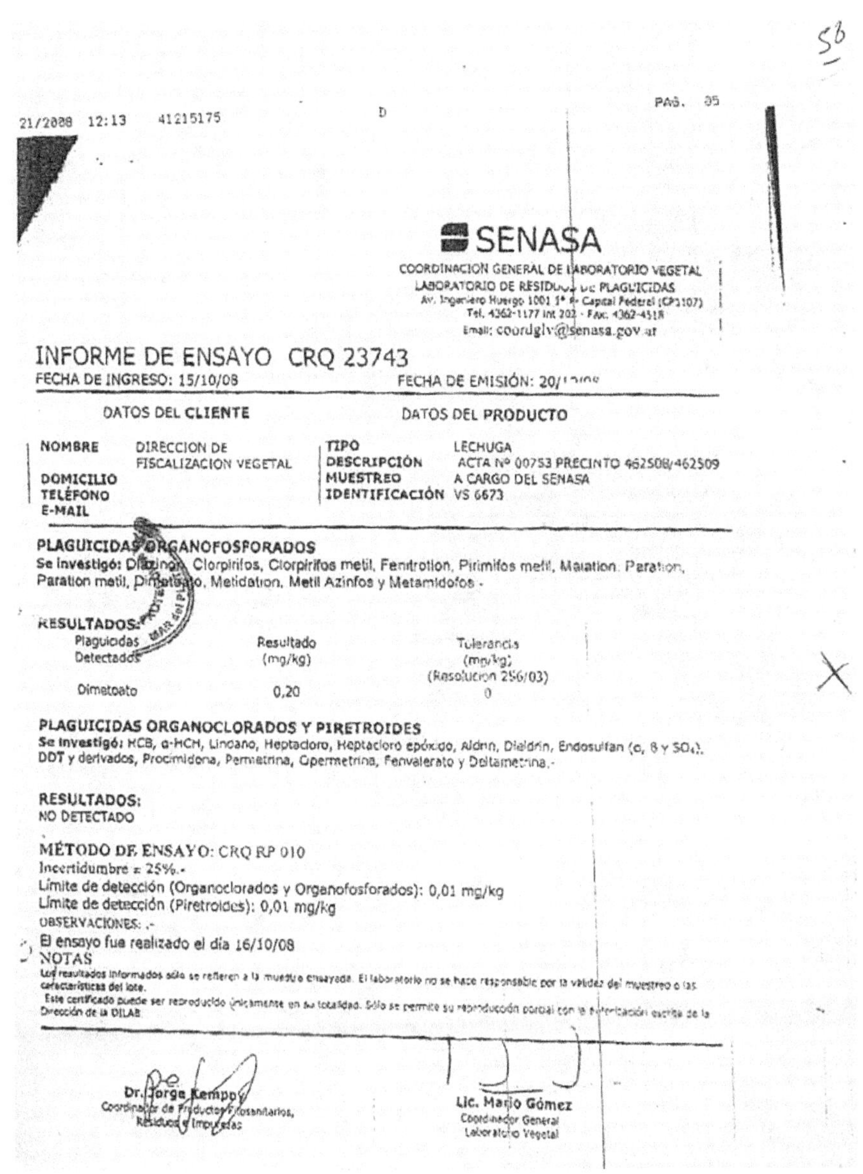

En abril de 2009, por aportar un último ejemplo, el organismo alertó sobre la presencia de clorpirifos y metil azinfos en partidas de lechuga y manzana:

BUENOS AIRES, 23 de Abril de 2009

INSTRUCCIÓN DE SERVICIO

A: COORDINADOR GENERAL BUENOS AIRES SUR
DR GABRIEL MELENDEZ

DE: DIRECCION DE FISCALIZACION VEGETAL
ING. FERNANDO LAVAGGI

PRESENTE

Ref: Programa de monitoreo de contaminantes en frutas y hortalizas

Por la presente me dirijo a Ud. con motivo de **NOTIFICARLE** los resultados de los análisis de las muestras extraídas en el establecimiento Contructora Fortaleza S.A. el día 13 de Abril del corriente e ingresadas a la Coordinación General del Laboratorio Vegetal el día 14 y que corresponden a las siguientes actas.

Producto Frutihortícola	N° de Acta	Plaguicida Detectado	Resultado (mg/kg)	Tolerancia[1] (mg/kg)	Protocolo de Análisis
Acelga	00768	No detectado	---	---	CRQ 24515
Lechuga	00769	Clorpirifos	0.20	---	CRQ 24516
Apio	00770	No detectado	---	---	CRQ 24517
Manzana	00771	Metil Azinfos	0.62	0.50	CRQ 24518

(1) Tolerancia: Resolución SENASA N° 507/2008.
Se adjuntan protocolos de análisis.

Por lo que se requiere notificar a los propietarios de las mercaderías involucradas de los resultados arrojados por los análisis, como así también determinar la razón social y dirección exacta de ubicación del predio productivo de la muestra de Acta 00769.

En lo que respecta al Acta 00771, se especifica que el empaque correspondiente a la mercadería muestreada es de sello clave B-0797-a-F, empaque que se encuentra habilitado para empacar frutas de pepita en Mar del Plata.

En consecuencia, y en el caso de determinar origen de las muestras no conformes, realizar la correspondiente toma de Muestra e Interdicción de las especies en cuestión en los predios productivos que correspondan para verificar si contienen contaminantes que infrinjan la normativa vigente, de acuerdo con lo establecido por la Disposición DNFA N° 1/03.

Si los mismos se encontraran fuera de su juridicción informar a esta Dirección para realizar las acciones que correspondan.

SENASA
Centro Regional Buenos Aires Sur

Ya en febrero de 2010, y dado el escándalo que generó la denuncia de BIOS, autoridades del municipio de General Pueyrredón, en la provincia de Buenos Aires, y el SENASA, se comprometieron a implementar "buenas prácticas" para controlar la contaminación con plaguicidas de frutas y verduras.

"Ahí el SENASA se compromete a hacer más análisis. Y se da una situación muy interesante: una de nuestras compañeras, que dirige el laboratorio de Ecotoxicología de la Universidad de Mar del Plata, tiene un intercambio con el director del organismo a nivel local en donde le cuenta lo sorprendida que está que al SENASA le de negativa la presencia de clorados –como el DDT, el endosulfan o la endrina– siendo que a ella toda la cuenta de la zona le daba positiva", contó Buján.

Para luego agregar: "En ese momento, y ante la gente de SENASA, nuestra compañera notó que el cromatógrafo que el organismo utiliza para medir la contaminación estaba calibrado con una cantidad de partes por millón que siempre iba a dar cero. O sea, medía muy por encima del límite de tolerancia. Por ende, el aparato detectaba menos contaminación que la existente. El director del SENASA simuló asombro y quedó en recalibrar el aparato. Jamás supimos si eso se hizo".

BIOS volvería a la carga con una experiencia similar en julio de 2013. En lo que Silvana Buján denominó "Operativo Espinaca", la organización volvió a comprar verduras –esta vez, de cinco verdulerías diferentes distribuidas en Mar del Plata– para someterlas a nuevos análisis.

Las conclusiones fueron casi idénticas a las de la acción de 2009. En muestras de lechuga, morrón y rúcula, los testeos arrojaron la presencia de endosulfan, cipermetrina, dimetoato, metil azinfos, disulfoton y deltametrina[121].

"Encontramos plaguicidas insólitos, porque el metil azinfos o el disulfoton no son productos que estén normados para las ver-

---

[121] http://goo.gl/d5xVxp

duras o la comida en general. No se puede determinar cuán malos son porque directamente no existe una medición para esos químicos. Es impensado que uno los ubique en las verduras. Es como encontrar plutonio", expuso Buján.

"Esto deja en claro el uso cada vez más sostenido, por parte de los productores, de cócteles de plaguicidas. Nadie echa un producto puro. El problema es que los plaguicidas tienen una naturaleza acumulativa: el cuerpo no los elimina. O sea que cada vez que consumimos estas verduras, estamos sumando más y más toxinas al cuerpo. Las consecuencias de ese proceso son inciertas pero, siempre, letales", agregó.

La confirmación del carácter acumulativo de los pesticidas llegó también en julio de 2013 y de la mano de otra campaña de BIOS[122]. Como comentamos anteriormente, tres integrantes de la ONG decidieron ir más lejos y se hicieron pruebas de sangre en Mar del Plata en búsqueda de plaguicidas incorporados a través de la alimentación.

Buján indicó que las muestras confirmaron residuos de endosulfan, DDD (degradación del DDT), endrín y deltametrina.

"Se trata de resultados que se obtuvieron de pruebas generales. Esas mismas muestras luego se enviaron a España para un análisis más específico y se hallaron sustancias tóxicas aunque a cantidades bajas. El problema de estos pesticidas es que se acumulan e, incluso, se potencian en contacto con otras sustancias en el cuerpo. Nadie puede determinar los efectos negativos a futuro", aseguró.

Raúl Montenegro también aportó argumentos sobre lo incierto de los efectos de la acumulación de agroquímicos a largo plazo.

"La normativa en Argentina protege a las personas de dosis letales 50, esto es, la dosis de un plaguicida que mata al 50 % de una población de animales de laboratorio. No hay normas que nos

---

protejan de las pequeñas dosis ni de los procesos de acumulación y diversificación de esas dosis", destacó.

"Como las pequeñas dosis de plaguicidas pueden afectar los sistemas inmune y hormonal, el espectro de enfermedades provocadas por plaguicidas y sus residuos es extremadamente amplio", dijo.

Montenegro no dudó en afirmar que "todas las personas están expuestas a plaguicidas pues sus residuos llegan con los alimentos, pasan de madres a hijos por vía transplacentaria y lactancia, y hay una exposición directa en aquellos que viven junto a cultivos o transitan por rutas aledañas a las zonas en las que se aplican pesticidas".

El titular de FUNAM y ganador del Premio Nobel Alternativo (RLA) en 2004 expuso quiénes son los grandes responsables de que esta problemática se mantenga en las sombras.

"Al Estado y a muchas universidades esto no les preocupa. Los culpables iniciales de este sistema y del actual modelo productivo son el SENASA, que mal aprueba los plaguicidas y los mal controla, y la CONABIA (Comisión Nacional Asesora de Biotecnología Agropecuaria), que mal aprueba los eventos transgénicos", aseveró.

Para Montenegro "Monsanto o Syngenta son lo que son, y la salud de las personas muestran los graves efectos que hoy advertimos, porque esos dos organismos nacionales favorecen más a las empresas que a la gente".

Pero, para mayor preocupación, las consecuencias desconocidas de los productos y desarrollos que vienen motorizando los grandes actores de la producción agropecuaria no se agotan sólo en el uso indiscriminado de agroquímicos.

En ese sentido, el consumo de transgénicos también evoluciona en un marco de incertidumbre. Los efectos de incorporar alimentos surgidos de la manipulación genética poco a poco se están comenzando a estudiar alrededor del mundo.

Pero, como suele suceder, la implementación de mecanismos oficiales para el monitoreo y el control de estos organismos manipulados genéticamente sigue siendo una materia pendiente en la Argentina.

"Las nuevas amenazas ni siquiera están siendo evaluadas. Las plantas cultivadas transgénicas producen proteínas insecticidas. Dicho de otro modo: 'fabrican plaguicidas'. El gen Cry1AB –que Monsanto incluye en el producto MaízGard[123] que comercializa en la Argentina– genera un pesticida desde la planta destinado a matar, por ejemplo, las orugas que consumen hojas verdes", expuso Montenegro.

Para luego concluir: "Pues bien, estos insecticidas de 'planta' están pasando a los organismos humanos, a madres embarazadas, a niños, donde muy posiblemente estén produciendo efectos indeseados, no evaluados, sobre la salud. Dicho de otra forma, a la gente se la contamina con plaguicidas químicos, pero también con plaguicidas de origen transgénico".

Los riesgos, entonces, son múltiples y desconocidos. Pero existe la certeza de que crecen a la par que el gran negocio de la provisión de alimentos se expande. La Argentina, dado su reconocido potencial, integra el pelotón de jugadores que liderará el aprovisionamiento de comestibles durante las próximas décadas.

Las empresas, por supuesto, conocen de antemano los atributos del país. De ahí la experimentación constante, a nivel local, con nuevos productos y desarrollos. Como se ha venido detallando a lo largo de este trabajo de investigación, nada de eso podría ser posible sin la anuencia, la cooperación y hasta el apoyo financiero del poder político.

Detrás de las oportunidades comerciales quedan los afectados. Que hoy suman millones y mañana serán más. Porque el riesgo no sólo está en el avión o en el mosquito que fumiga los campos: también se encuentra ahí, en la cotidianeidad de las ciudades. En la lechuga o la manzana de cualquier verdulería.

---

[123] http://goo.gl/0YL9X8

Cada vez con mayor frecuencia, lo nocivo comparte mesa con la familia. El inconveniente es que, claro, no lo sabemos.

Una muestra reciente en esa dirección: un monitoreo divulgado en noviembre de 2016 por el Instituto Nacional de Tecnología Agropecuaria (INTA) y el Servicio Nacional de Sanidad y Calidad Agroalimentaria (SENASA) indicó exceso de residuos de agroquímicos en el 47 % de las muestras de lechuga relevadas entre productores hortícolas, al tiempo que ubicó irregularidades similares en el 21 % de las partidas de apio, el 15 % de las espinacas, el 7 % de los pimientos y el 6 % de las acelgas.[124]

De acuerdo a ambos organismos, en dos años aumentó hasta un 5 % el nivel de concentraciones de agroquímicos por encima de los límites permitidos. Y la tendencia es en ascenso.

La perspectiva, ante estos indicadores, resulta por demás de preocupante en un escenario ya dramático por efecto de las fumigaciones. A eso hay que sumarle, entonces, un nivel de acumulación de venenos en expansión en los alimentos que hoy llegan a nuestra mesa. Sobre todo, en aquellos que la cultura popular todavía considera clave para llevar adelante una vida saludable.

---

[124] http://bit.ly/2ggsu81

Las aguas envenenadas del río Paraná

Toda la cuenca del río Paraná, considerada la segunda más importante de América del Sur detrás de la que comprende al Amazonas, está altamente contaminada con el herbicida glifosato e insecticidas como el endosulfan –de uso prohibido en el país desde 2013–, la cipermetrina y el clorpirifos.

A estas conclusiones llegan dos informes publicados por la revista internacional *Environmental Monitoring and Assessment*, a los que tuvimos acceso entre julio de 2016 y enero de 2017.

Ambos monitoreos llevan la firma de, entre otros, Alicia Ronco –fallecida en noviembre de 2016– y Damián Marino, científicos del Consejo Nacional de Investigaciones Científica y Técnicas (CONICET), y señalan que el grado de contaminación detectado supera, sobre todo en el caso de los insecticidas, todos los límites establecidos para la protección de la vida acuática.

Los trabajos exponen que el río Paraná recibe una carga contaminante de sus afluentes sobre todo en las zonas donde se realiza agricultura intensiva mediante la fórmula que combina semillas transgénicas, agroquímicos y siembra directa.

En cuanto a la presencia de glifosato y su degradación, denominada AMPA, las muestras –recogidas entre los años 2011 y 2012– arrojaron que las mayores concentraciones del herbicida se dan en los sedimentos de los cursos de agua que alimentan precisamente al Paraná.

Mediante testeos concretados en 23 puntos específicos del río en cuestión, el Paraguay y sus afluentes, los científicos ubicaron al agroquímico sobre todo en el lecho de esas corrientes.

El monitoreo arrojó, contundente, que la contaminación más alta con glifosato corresponde al río Luján. También los resultados fueron alarmantes en los tramos del Paraná que comprenden a las provincias de Santa Fe y Entre Ríos. Para el equipo que llevó a cabo la experiencia, esto es consecuencia directa de las actividades agrícolas que se realizan en toda esa área del país.

Respecto de esta experiencia, Marino, doctor en Química e investigador de la Universidad Nacional de La Plata, explicó que el estudio "comenzó en el Pilcomayo y fue realizado en colaboración con Prefectura Naval, que aportó un buque. Se midieron todas las desembocaduras de los ríos que alimentan al Paraná".

Y enfatizó: "La carga de glifosato aumentó sobre todo a partir de la zona centro de la provincia de Santa Fe, con concentraciones muy elevadas en afluentes como el arroyo Saladillo. Los niveles que medimos en muchos casos dieron más elevados que los constatados directamente en campos de soja".

El estudio también detectó fuerte carga de glifosato y AMPA en canales y arroyos del norte de la provincia de Buenos Aires. De acuerdo al trabajo, el 66 % de las muestras de sedimentos registró una pauta elevada del plaguicida en esa área, mientras que ya en la medición hecha al agua el 35 y el 33 % de las tomas dieron positivo en glifosato y AMPA, respectivamente.

"El sedimento del arroyo Saladillo exhibe una alta y letal toxicidad", remarca el documento. Según Marino, el inconveniente que origina esta concentración en el lecho del río y sus afluentes radica en el carácter anaeróbico del medio donde se acumula el glifosato.

"Se detectó sulfuro y el problema es que opera como un agente que no permite la degradación normal a través de microorganismos. La falta de oxígeno que origina el vínculo entre el glifosato y el sulfuro hace que el herbicida perdure en el tiempo. La ausencia de organismos que oxiden, derivada de esta combinación que hallamos en los lechos, hace que el glifosato siga acumulándose", argumentó.

El científico sostuvo que buena parte de la incorporación del plaguicida a las aguas surge del escurrido de las lluvias que caen sobre los campos productivos.

"El glifosato es poco afín a permanecer en el agua, por eso lo detectamos muy poco en el centro del río. Pero sí se adhiere en el fondo, se acumula en el barro. En tanto los materiales tienden a movilizarse hacia las costas, entonces tenemos un lodo en tránsito que luego se aloja en las playas", dijo.

En lo que hace a los insecticidas, un segundo documento publicado por *Environmental Monitoring and Assessment* expuso que los más abundantes en el cuerpo líquido corresponden a los productos cipermetrina, endosulfan y clorpirifos. Los pesticidas en cuestión fueron ubicados en un nuevo análisis de las mismas muestras que inicialmente dieron positivo en glifosato.

"Las concentraciones de endosulfan, cipermetrina y clorpirifos fueron las cuantitativamente más relevantes. En cada caso, sus niveles de presencia son superiores a los recomendados para la seguridad de la vida acuática. Estos plaguicidas presentan una mayor afinidad por los sedimentos", señala el trabajo.

Y detalla que la mayor presencia de insecticidas se dio principalmente en las zonas aledañas a las localidades santafesinas de Coronda, Carcarañá y San Lorenzo.

"También se detectó contaminación en el Bermejo y el Pilcomayo. Esto podría deberse a la producción agrícola que se hace aguas arriba en Paraguay. Su modelo atado al uso de agroquímicos es similar al de Argentina. Los sedimentos son los que más demuestran la presencia de los insecticidas. El agua es el vector que, sobre todo a través de las lluvias y efectos de escorrentía, moviliza los pesticidas desde las zonas de producción hasta el caudal de estos ríos", amplió Marino.

Para luego añadir: "Que hayamos encontrado pesticidas también en el agua muestra que hay contaminación más reciente. El sedimento representa una matriz ambiental que provee información más en el tiempo y la historia, y posiblemente hable de los procesos de acumulación de insecticidas al actuar como un sumidero. Las concentraciones detectadas en la columna de agua, hay que remarcarlo, superan los niveles recomendados para la supervivencia de la vida acuática".

Marino definió las conclusiones de ambos trabajos como una "luz naranja, prácticamente roja, encendida". Y exigió la implementación urgente de un programa de monitoreos de alcance nacional que, en concreto, permita conocer al detalle la situación ambiental de los principales cuerpos de agua de la Argentina.

"Los últimos muestreos fueron realizados en 2012 con un gran esfuerzo de la Prefectura Nacional y un subsidio de la Universidad Nacional de La Plata, pero no ha habido una decisión política gubernamental de sostener este tipo de monitoreos. Hay que retomar estos trabajos de manera urgente en tanto vivimos en un país agroproductivo en el que todos los años se vierten al ambiente millones de litros de plaguicidas. Y también hay que comenzar a promocionar seriamente políticas de producción sostenibles como la agroecología", concluyó.

Esta nueva evidencia reaviva no sólo la discusión en lo que hace a la calidad del insumo básico: vuelve a colocar en el epicentro de la polémica el modo en que se está llevando a cabo la producción agropecuaria en la Argentina y cómo, por efecto de las prácticas consagradas, la presión ambiental atenta contra la seguridad misma de los ecosistemas en general.

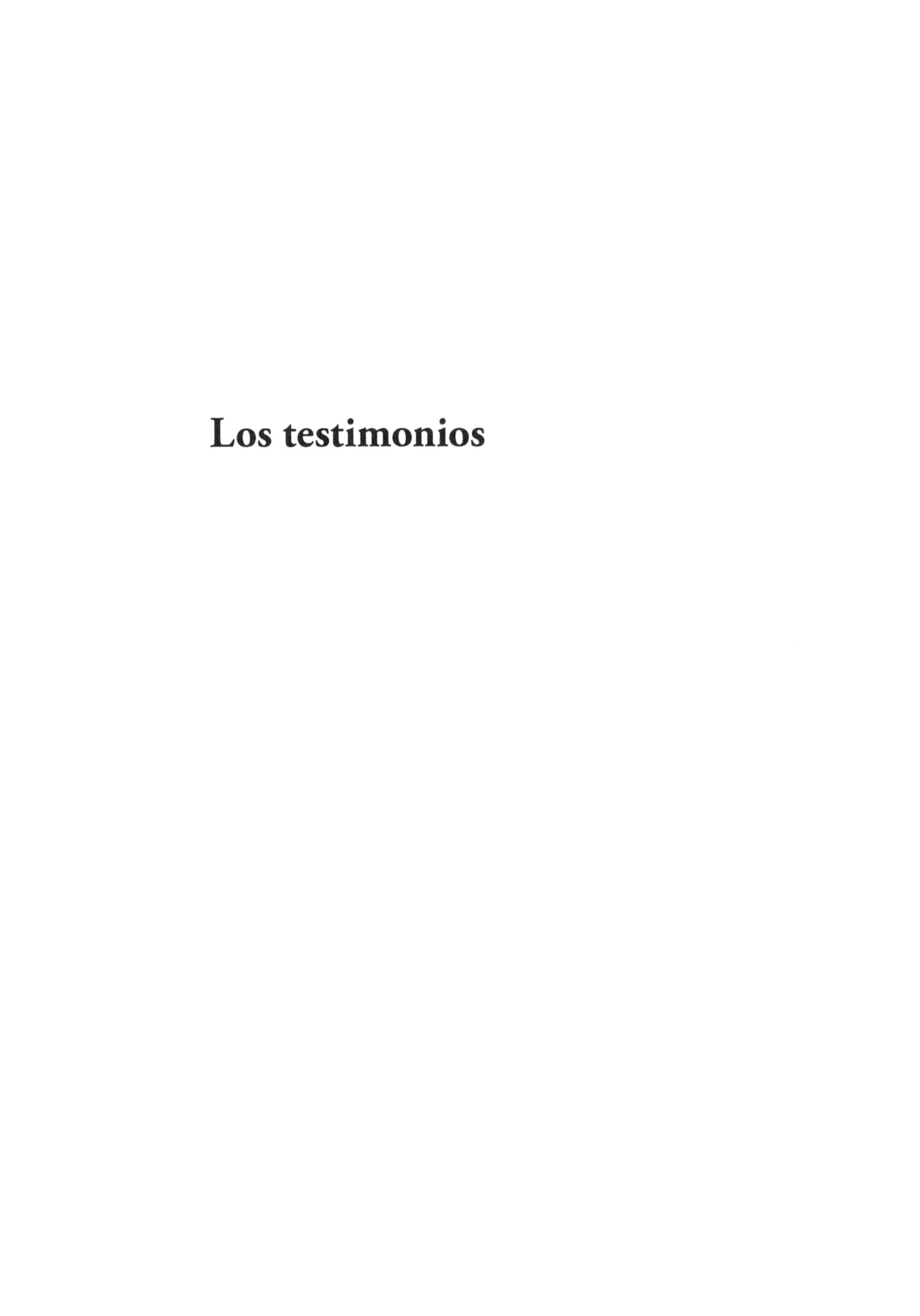

Los testimonios

FABIÁN TOMASI
(actualizado a enero de 2017)

Me llamo Fabián Tomasi, tengo 50 años y soy de Basabilbaso, provincia de Entre Ríos. Tengo una hija de 21 años, Nadia. En el 2006 empecé a trabajar en una empresa de acá, de Basabilbaso, que se llama Molina & Cia. SRL.

Entré a trabajar como apoyo terrestre, o sea que era el encargado de cargar los aviones fumigadores y de llevar la gente del campo hasta los productos que se echaban, que estaban al costado de una pista improvisada en el medio de los lotes.

Una vez ahí, destapaba los bidones y el piloto dividía la cantidad de producto que iba a echar por vuelo. Esto último no estaba basado en una cuestión de medida exacta, sino que el criterio pasaba por la efectividad del producto.

El dueño decía "Echá todo, que no sobre nada, porque con lo que me costó... más vale que sea efectivo", con lo erróneo de pensar que echando más se logra más efectividad.

En Molina & Cia. SRL trabajé en dos etapas. En la primera, estaba el dueño de la empresa, que fallece de cáncer a raíz del trabajo que hacíamos. La familia desmiente esto. En la segunda etapa, el que toma el mando es el hijo, que ahí me pide que dé una mano y paso a trabajar como programador de vuelo.

En ese momento venían aviones de Córdoba, de todos lados. Yo organizaba el trabajo sin tener ya tanto contacto con los productos, aunque igual me tocaba convivir con las pilas de veneno en la oficina.

Me tocó enfermarme en la segunda etapa. Como soy diabético, mi sistema inmunológico está de por sí deprimido, y haberle puesto encima la cantidad de productos químicos con los que tuve contacto en esos años me trajo las consecuencias con las que cargo ahora.

En mi trabajo hacían uso de todos los productos que están prohibidos por lo tóxicos que son. Endosulfan, por ejemplo. También gran cantidad de 2,4-D. Se tiraba principalmente en el arroz, porque en esa época la empresa fumigaba sobre arroceras. Muchos de estos productos se traían de contrabando de Uruguay. El mercado negro de plaguicidas es muy importante.

Se echaban también muchos fungicidas para los hongos del campo, que son productos tremendamente tóxicos. Cuando llegó la soja a Entre Ríos, ahí apareció el glifosato. Nunca nos protegimos con nada y mucho menos cuando se empezó a usar el glifosato, ya que viene con una franja en el envase que dice que es levemente tóxico.

Con la soja empezamos a echar camiones y camiones de glifosato. Igual es un error cargar contra un solo producto, porque los insecticidas también son potentes y efectivos a la hora de causar malformaciones y cáncer.

En ese caso, se fumigaba con endosulfan, cipermetrina y gramoxone, que es una sustancia derivada del gamexane y se echa en los cultivos la noche anterior a la cosecha y a la mañana siguiente las plantas amanecen secas pero con la humedad exacta para poder hacer ese trabajo.

El cultivo que recibe gramoxone, que es extremadamente tóxico y por eso viene con una franja roja, llevará dentro de la semilla que se cosecha, almacenado, el veneno que recibió la planta. Eso queda en el arroz, por ejemplo, y en todo lo que uno come.

Hoy no hay cultivo que se salve de estos productos químicos. ¿Por qué? Porque el modelo de producción es ese. Te obligan a comprar la semilla para que luego vos vayas y compres los químicos que producen los mismos que te dieron esa semilla. Pero nadie sabe los resultados de la modificación genética que le están haciendo a los cultivos para aguantar los químicos.

Mientras tanto, los del campo, la provincia, el Gobierno nacional, ganan millones.

Con la llegada de la soja empezamos a usar mucho glifosato e insecticidas como el clorpirifos. También el endosulfan, que está prohibido en el mundo pero acá el SENASA (Servicio Nacional de Sanidad y Calidad Agroalimentaria) hasta hace poco permitía que se siga usando porque hay mucho stock en el país. Se lo aplica sobre todo para eliminar la chinche que ataca la soja.

Por mi trabajo, ahora tengo problemas en la parte motriz y el aparato digestivo. Empecé a tener problemas de salud a los seis meses de estar trabajando en Molina & Cia. SRL. Al principio sufrí problemas en la punta de los dedos. Se me empezaron a lastimar. Eso derivó en una neuropatía que el doctor Roberto Lescano, de Basabilbaso, empezó a tratar como si fuera diabetes.

Un día, el doctor Lescano me dice que me saque la remera que llevaba puesta, que había algo raro. Ahí nota que me estaba secando. Tengo el cuerpo seco de la cintura para arriba. Casi no tengo ningún músculo, sólo piel y huesos. Cuando empecé a trabajar pesaba 80 kilos. Ahora, hoy, peso 58.

Lescano me deriva a Puiggari, también en Entre Ríos, donde me hace atender con un doctor holandés, Bernhardt. Ahí ese otro doctor, un toxicólogo, dice que lo mío es precisamente una intoxicación por agroquímicos.

También dice que se agravó mi diabetes. En Puiggari me detectan disminución de la capacidad pulmonar. Mucho tiempo después, cuando logré jubilarme por incapacidad en el PAMI, los veinte médicos que me revisaron para ese trámite me decretaron polineuropatía tóxica y enfermedad del zapatero, entre otros problemas.

Hoy subsisto porque pude jubilarme por incapacidad. En Molina & Cia. SRL trabajé en negro y sin ninguna protección. Me jubilé gracias a mis trabajos anteriores.

La enfermedad del zapatero se llama así porque el fabricante de calzado, al igual que el despachante de una estación de servicio, aspira los solventes de los productos químicos todo el tiempo. Eso produce problemas en el sistema nervioso periférico.

Ese es uno de los tantos problemas que tengo. No puedo coordinar los músculos, dejás de caminar y perdés el equilibrio.

De mis compañeros de trabajo en la empresa de fumigaciones, uno hoy tiene el mismo problema que yo para tragar. Y otro quedó estéril.

En el 2007 ya no podía caminar por las lastimaduras en mis pies y sólo podía dormir sentado en una silla. Tiempo después, el médico Jorge Kaczewer, que es como un Dios para mí, me regaló un tratamiento extremadamente caro que consistió en la aplicación de procaína en diferentes partes del cuerpo. Eso me permitió una cierta recuperación. Volví a caminar y se me cerraron las heridas.

Tengo una rodilla operada de la que me sacaron más de un litro de líquido blanco. Cuando hicieron la biopsia en el hospital público de Basabilbaso, los resultados se perdieron y nunca supe qué fue eso.

Me dijeron que nunca me voy a recuperar del todo. Y la primera vez que me revisaron completamente me dieron 6 meses de vida. La medicina no sabe a lo que se enfrenta.

En Basabilbaso y la zona hay muchísimos casos como el mío. Acá murió un nene de cuatro años, Jeremías, por un cáncer en el estómago. Esto fue hace muy pocos meses.

El nene estuvo en el hospital Posadas de Buenos Aires. Cuando vieron cómo estaba, al padre le preguntaron si vivía cerca de una usina atómica o de una fábrica de químicos por el grado de contaminación que presentaba el chico. El padre respondió que era encargado de campo, y que al lado de la casa en la que vivía tenía un depósito de agroquímicos.

Ese nene murió con cuatro años, en pañales, con morfina y retorciéndose del dolor por el cáncer en el estómago.

Acá hay muchas malformaciones, nenes que nacen con labio leporino. A dos casas de la mía vive una ingeniera agrónoma que secó el pasto de su casa con glifosato puro. Al glifosato lo usan para fumigar las vías del tren, los terrenos baldíos. Todo.

Están haciendo de la agricultura un campo de concentración.

Molina & Cia. SRL sigue funcionando, aunque se fue de Basabilbaso por todo esto. La empresa se compró un campo entre Basabilbaso y la ciudad de Gilbert. Hoy hacen soja y todo lo que se les cruce. Fumigan, fertilizan, todo con equipos terrestres y aéreos.

Una de las dueñas, precisamente de apellido Molina, fue la presidenta del LALCEC (Liga Argentina de Lucha contra el Cáncer) de Undinarrain, un pueblo a 40 kilómetros de Basabilbaso. O sea que por un lado te mata y por el otro trata de curarte.

Hoy, con respecto a mi tratamiento, bueno, abandoné todo. Por una cuestión económica y de decisión. Abandoné todo el 3 de agosto de 2012. Ahora me duele otra vez todo el cuerpo y sufro una regresión muscular. Incluso, me volvieron los calambres en las piernas.

A mí me tienen como un hito en todo esto porque los problemas y las enfermedades directamente se me notan.

Ahora estoy esperando.

Esperando que se termine todo.

Es una decisión que tomé. Mi hija ya está muy bien preparada. Tengo miles de problemas físicos, pero me siento mentalmente lógico y claro. Ya no tengo más fuerzas.

No le veo sentido a seguir peleando para vivir.

Alejandra Cian

(agosto de 2012)

La escuela está rodeada de campo donde se siembra soja y girasol, y se fumiga con araña o con avión. Muchas veces los dueños de los campos avisan para fumigar los fines de semana, pero también fumigan estando los chicos en la escuela.

Igual, uno solo de los dueños avisó. Fumiga los fines de semana pero no sabemos qué veneno utiliza. Nunca nos pusimos a preguntar.

Muchas veces hemos tenido la intención de avisar a grupos ecologistas, pero no nos animamos porque somos siempre la minoría y por ahí las denuncias que hicimos por otros temas no llegaron a destino.

Las arañas suelen estar estacionadas cerca de la escuela. Los chicos recorren 6 kilómetros en bicicleta o en carro, y las han visto estacionadas. Fumigan en ese trayecto que ellos recorren o cerca. La comunidad tiene un campito de 69 hectáreas y también aplican. En una oportunidad fumigaron y quemaron todos los montes, el pasto, todo.

Noto que hay maestras que tienen problemas de tiroides, problemas de salud, pero nunca nos hemos detenido a observar que era un problema derivado de las fumigaciones.

Los mocovíes toman agua de pozo, hay arroyo cerca, del que consumen peces y agua, y ellos consumen frutos del monte. Todo está rodeado por las fumigaciones.

En el monte hay frutos silvestres, como la tuna, que son propios de la cultura mocoví. Como las fumigaciones son cercanas, ellos saben que los venenos quedan en los frutos.

También te encontrás con bidones que están a la orilla de los caminos. Algunas personas los levantan aunque no la gente de la comunidad. Ellos tienen un concepto muy ecologista, de respeto por la naturaleza. Así, piden permiso para usar un animal, una planta; saben que todo lo que sea químico no debe utilizarse. Viven una vida ecologista, de preservación de la naturaleza.

En el trayecto que yo hago desde mi localidad, que queda a 50 kilómetros y pertenece a otro distrito, veo animales muertos y fumigaciones constantes con araña o avión.

Maestra de la Escuela Intercultural Bilingüe N° 6.173 de Campo El 94. Comuna Colonia Durán, departamento San Javier, provincia de Santa Fe. Asisten niñas y niños de la etnia mocoví.

Evangelina López
(octubre de 2012)

Surgen muchos problemas por las fumigaciones. Es impresionante la mortandad de animales y también cómo las personas tienen más problemas de salud.

Estos problemas se plantean por el tema de que no respetan las líneas de marca de fumigar, y eso perjudica a toda la gente, no sólo a la comunidad.

Los gringos, como los llamamos nosotros a los colonos, también están rodeados de terrenos que se fumigan.

Están rodeados de siembra y estamos en un lugar chico. Nosotros estamos al lado de los terrenos que ellos cultivan. Esto es muy feo, ellos fumigan y nosotros tenemos que salir corriendo a escondernos por el veneno. De adentro de nuestras casas vemos como los animales se descaderan, se caen.

El año pasado fumigaron arriba de la comunidad con las avionetas. También fumigan con el mosquito. Cuando llueve esa agua con los venenos se viene para el barrio. Todo lo que está en los sembradíos nos llega.

Muchas veces los chicos descalzos pisan esa agua. A mi hermana le salieron brotes en la piel, empezó a brotarse, por eso mismo.

Tenemos mortandad de patos, de chanchos, de todo. Hubo casos de animales grandes que las personas trataron de salvar y no se pudo. Es tremendo ver a los animales tirados y no poder hacer nada. También nos pasó con perros, gallinas.

Una vez vinieron a ver los animales muertos, se los llevaron para estudiarlos y después nos dijeron que se morían por los parásitos, que al defecar la gallina eso luego se lo come el pato y así se enferma. Que es una cadena. Sabemos que no es así y queremos que nos digan la verdad.

¿Por qué nos pasan estas cosas? Cuando fumigan nosotros tratamos de cubrirnos. Es un ardor en los ojos, la boca que se te seca. No se puede estar afuera porque es imposible respirar.

Nos terminamos encerrando por unas cuantas horas. Salir afuera es como estar en el infierno siendo que vivimos en un paraíso.

Además de los animales queridos, también se mueren las plantas. Las verduras se ponen amarillas y terminan secándose. Es horrible.

Comunidad mocoví Rahachalagte. Alumna de la Escuela de Enseñanza Media Nº 4.314, Colonia La Lola, Reconquista, provincia de Santa Fe.

Florencia Zanuttini
(agosto de 2012)

Nosotros tenemos la escuela pegada al campo: el alambrado estará a unos quince metros de los salones.

Específicamente este año tuvimos que parar una fumigación: fue el 3 de abril, veníamos del fin de semana largo por Malvinas y después venía el fin de semana largo por Semana Santa.

Fue ese martes. Los chicos estaban en el recreo y otros estaban en los salones, y nos empezaron a avisar que pasaba el mosquito. Entonces inmediatamente llamamos a los chicos adentro del salón, cerramos las ventanas, y con otro profesor salimos a decirle que pare la fumigación, que pare.

Logramos que frene la máquina.

Llamamos a Colonia Durán y ellos informaron a la policía, y fueron a la escuela. Avisamos, quedaron que le iban a hacer un aviso al productor, que es vecino y su casa está dentro del campo.

Lamentablemente no hicimos la denuncia: nos arrepentimos de no dejarlo asentado. Pero la policía nos informó que ellos (por los productores) saben lo que tienen que hacer, pero que lamentablemente no lo cumplen.

También hay un poco de naturalización por parte de los mismos alumnos, de los padres y de los docentes porque trabajan manipulando agrotóxicos.

Incluso el año pasado tuvimos el caso de algunos de nuestros alumnos como banderilleros humanos, chicos que han quedado internados, con erupciones en la piel, con vómitos.

Este año no tuvimos noticias de menores trabajando como banderilleros, pero en otras oportunidades sí.

Un banderillero humano es alguien que señala por dónde tiene que ir pasando el avión. Es decir, en lugar de usar banderas, se paran los chicos para delimitar por dónde tienen que ir pasando, y los fumigan encima.

Y además de que no lo tendrían que hacer, lo hacen sin ninguna protección y sin informarles los riesgos que esto trae.

Sé por testimonios que a los banderilleros les salen erupciones en la piel y tienen vómitos y diarreas.

Se hace muy difícil la denuncia porque lamentablemente los alumnos y los padres dependen económicamente de las personas que los fumigan, que no les dan información, que no les dan protección.

Y se hace muy difícil que así quieran denunciar a quienes les dan trabajo, sustento económico.

Docente de la EDEM 1.249, distrito de Colonia Durán, Santa Fe.

Claudia Aguirre

(octubre de 2012)

Estuve en la zona de Los Amores y después en La Gallareta y alrededores, siempre en la Cuña Boscosa.

La Gallareta tiene también zonas de escuelas que están en el campo. Teníamos una, El Ñandubay, que queda de la entrada de Gallareta 26 kilómetros para el este.

En esa escuela muchas veces ocurría que era fumigada en horas de clase, así que nosotros y los alumnos salíamos con problemas respiratorios.

Y había otros chicos que no iban porque ese día tenían que ser banderilleros en las fumigaciones aéreas.

Otra cosa que se habla con los chicos es la manipulación de sustancias tóxicas para la vacunación y el bañado del ganado, y nunca queda bien en claro dónde se tiran los residuos.

Nos contaba un alumno que para lavar el mosquito se ofrecía más dinero de lo normal, cosa de que sea aceptado.

Hoy preguntábamos si lo harían, y muchos dudaban, decían que sí, que si la paga era mucho más elevada lo seguirían haciendo.

Eso lo contaba un chico que hacía el trabajo de lavar en el paraje Las Mercedes, y decía que el agua residual iba al arroyo Los Amores.

Docente en la Escuela Rural N° 578 de El Sombrerito, Santa Fe.

Alejandro Ríos
(septiembre de 2012)

Yo venía de mi trabajo, por la calle, en bicicleta. Ya cerca de mi casa me encontré con que un avión venía fumigando.

Tenía todo el viento en contra. Llegué a mi casa y no me sentía bien. Al día siguiente, me levanté, comí algo y salí. Me sentía mal, decaído, como si no hubiera comido nada...

Me llevaron al doctor y ahí salió el tema de la fumigación. Midieron la fiebre, cuánto tenía, y después me llevaron al hospital. Ahí me dejaron internado por 24 horas.

Peón rural y alumno de la Escuela Secundaria Rural N° 576 del Paraje Moussy. Avellaneda, provincia de Santa Fe.

El fallo San Jorge

Febrero de 2011.

En lo que resulta un momento inédito en la lucha por limitar las fumigaciones cerca de las poblaciones, la Justicia santafesina deja en firme la prohibición de pulverizar en adyacencias de Urquiza, un barrio humilde de la localidad de San Jorge.

El fallo en cuestión, el primero de estas características que se dicta en la Argentina, estableció en 800 metros la distancia que las fumigaciones terrestres debían mantener respecto de las casas, y un límite de 1.500 para las aplicaciones aéreas.

Al momento de justificar su pronunciamiento el juez de la causa, Tristán Martínez, no dudó en postular la toxicidad del glifosato, además de dejar en claro que no existen los agroquímicos inocuos.

En lo que a partir de ese momento se conocerá como el "fallo San Jorge", el magistrado también destacó la baja en el nivel de consultas médicas en San Jorge tras el primer freno colocado a las fumigaciones en 2009.

Haciéndose eco de un trabajo realizado por la Universidad Nacional del Litoral (UNL), Martínez argumentó que "todas las sustancias de uso fitosanitario, entre las que se incluye el glifosato, presentan toxicidad y por ende algún grado de peligrosidad tanto respecto a la exposición aguda como crónica".

La resolución de la contienda en Tribunales –que puso fin a un proceso de dos años– sirvió, también, para mostrar de cuerpo entero la posición tomada por el poder político de Santa Fe respecto de las fumigaciones.

En este sentido, el fallo establecido para este pueblo de alrededor de 25.000 habitantes, ubicado a 144 kilómetros de la capital santafesina, arrancó declaraciones como las vertidas por el entonces gobernador local Hermes Binner.

"Hay que desmitificar las cuestiones tóxicas de ese producto", sostuvo el funcionario, en referencia al glifosato, antes los micrófonos de la radio LT8 de Rosario, siempre en febrero de 2011.

El "fallo San Jorge" tendrá su punto de partida en un evento de marzo de 2009.

Un amparo presentado por un grupo de vecinos encabezados por Viviana Peralta y su esposo José Cavigliasso, en compañía de representantes del Centro de Protección de la Naturaleza (Cepronat), derivó en la suspensión de las fumigaciones en cercanías del barrio Urquiza.

Precisamente el 10 de junio de ese mismo año el juez Tristán Martínez falló "hacer lugar a la acción jurisdiccional de amparo y, en consecuencia, prohibir fumigar en los campos ubicados al límite del Barrio Urquiza, propiedad de los demandados, en una distancia no menor a los ochocientos metros para fumigaciones terrestres, y de mil quinientos metros para fumigaciones aéreas, a contar dichas medidas desde el límite de la zona urbana (Barrio Urquiza), con ningún tipo de agroquímico o producto de los relacionados".

El recurso en cuestión resultó apelado por la Municipalidad de San Jorge, los productores sojeros e incluso el gobierno santafesino a través del Ministerio de Producción provincial.

Ya en diciembre de 2009, y en segunda instancia, la Cámara de Apelaciones en lo Civil y Comercial, siempre de Santa Fe, mantuvo la prohibición y solicitó, tanto al Ejecutivo provincial como a la UNL, resultados que demuestren el carácter no tóxico de los agroquímicos.

Los campos cuestionados, propiedad de Gustavo Gaillard y Durando Facino, ya no pudieron continuar con las aplicaciones.

Según expone un artículo[125] del diario *Página 12* publicado el 26 de febrero de 2011, el Ministerio de Producción de Santa Fe jamás presentará estudio alguno sobre los efectos de las pulverizaciones.

El Ministerio de Salud provincial, en cambio, reconocerá que la primera prohibición aplicada sobre San Jorge motivó una disminución de los problemas de salud de varios de los afectados.

Precisamente en ese febrero se conocerá la resolución del juez Martínez que dejó en firme una prohibición nunca antes establecida en la Argentina.

Habrá un acontecimiento más que se conocerá en junio 2012: otro fallo de la Justicia santafesina reducirá la distancia de 800 a 500 metros en los casos de fumigaciones terrestres. Y sólo mantendrá la prohibición de pulverizar con glifosato.

Lo, si se quiere, curioso, radica en que a mediados de mayo de ese mismo año el Ministerio de Salud local presentó públicamente un informe en el que concluyó que, tras los límites impuestos en San Jorge a las pulverizaciones, las consultas médicas relacionadas con contaminantes externos disminuyeron en ese pueblo 16 % entre 2008 y 2010.

"Llamó la atención que hubo una reducción en menores de 14 años del 58 % en afecciones conjuntivales, 89 en problemas cutáneos, y 33 en vías aéreas, potencialmente asociadas a irritantes externos. Otros diagnósticos no asociados a estos fenómenos se redujeron en un 17 %. En mayores de 15 años las tendencias se conservan", expone un artículo[126] que, referido a los resultados a los que arribó el Ministerio de Salud de Santa Fe, publicó el diario rosarino *La Capital*.

Carlos Manessi, titular del Cepronat, aportará una reflexión sobre la modificación aplicada al "fallo San Jorge": "Lamentablemente, se dio el cambio en un fallo fundamental para quienes pe-

---

[125] http://goo.gl/2QjQz
[126] http://goo.gl/APNJfb

leamos contra la contaminación. Lo positivo, igualmente, es que se sigue manteniendo el veto al glifosato".

Y agregará: "Como es fundamental para hacer soja, bloquear el glifosato es directamente erradicar el cultivo. O sea que lo único rescatable del cambio es que al menos en esa zona de San Jorge se deberán hacer cultivos menos perjudiciales para el ambiente".

Pero, más allá de las resoluciones judiciales, lo cierto es que la historia del fallo surge a la sombra de otra más importante, protagonizada por una niña de hoy 8 años: Ailén Magalí Cavigliasso.

Broncoespasmos, corticoides, internaciones con oxígeno y alergias, fueron una constante en los primeros meses de vida de Ailén hasta que a fines de 2008 sus padres, Viviana Peralta y José Cavigliasso, lograron impulsar el amparo que derivó en el freno a las fumigaciones de principios de 2009.

A lo largo del litigio judicial será la mamá de Ailén quien, una y otra vez, transitará todos los caminos posibles y hará uso de todas las herramientas a su alcance en pos de asegurar la supervivencia de la niña.

En enero de 2013, Viviana Peralta repasó los detalles de un caso que sentó un precedente en la lucha contra las fumigaciones sobre áreas pobladas.

Lo que sigue es la transcripción de esa charla con la mamá de Ailén.

Patricio Eleisegui: *Cuénteme cómo era el contexto previo al amparo y en qué situación se encontraba Ailén al momento de llegar a la Justicia.*

Viviana Peralta: Bueno, la nena tenía unos 20 meses cuando pudimos hacer el amparo. Pero los problemas empezaron mucho antes, desde que nació prácticamente. A los 5 días de nacida, a Ailén ya le tuvieron que empezar a suministrar corticoides, amoxilinas y otros remedios.

A los 5 días de nacida Ailén empezó con los broncoespasmos. Luego eso se volvió algo recurrente: una semana sufría uno, dos semanas después otro, y así. No había terminado de tomar los antibióticos para uno de los broncoespasmos que ya le volvía el mismo cuadro a los pocos días.

PE: *¿Qué decían los médicos?*

VP: Bueno, la doctora que atendía a Ailén dijo que el problema podía ser que había humedad en la casa o que también podía deberse al uso de alguna cocina a leña.

Yo le dije que no era por humedad porque tengo todo el piso de cerámico, aunque sí tenía una estufa a leña en ese momento. Como podía ser eso, entonces saqué la estufa a leña y compré un acondicionador de aire frío/calor.

PE: *Imagino que eso no cambio muchas las cosas. ¿A qué distancia está su casa de la zona rural?*

VP: No, claro, no cambió nada en la salud de la nena. Hay un campo frente a mi casa justo cruzando la calle, como a 15 metros. Estamos en zona urbana aunque el intendente dice que es rural. Como del otro lado del campo tenemos la avenida Bicentenario, esto nunca puede ser una zona rural.

Enfrente siembran soja. Y tiran glifosato, 2,4-D. Cuando fumigan con 2,4-D el olor no se aguanta. Es un olor feo, como a podrido.

PE: *¿Cómo siguió la salud de Ailén tras los primeros contactos con los médicos?*

VP: La nena seguía enfermándose mientras yo veía que fumigaban frente a mi casa. Antes de presentar el amparo, denuncié al hombre que fumigó a lo largo de 5 años. Denuncié a la máquina porque nos hacía mal a todos nosotros. A mí me dormía la lengua, me irritaba los ojos, tenía dolores de cabeza y mis otros chicos tenían problemas de estómago.

Como Ailén volvió a estar mal, la llevé a la doctora. "¿Qué pasó?", me preguntó ella. Y ahí le conté que había un señor que fumigaba al que venía denunciando desde hacía 5 años, si no podía ser eso.

Ella dijo que sí, y que cómo no se lo había dicho antes. Yo no me había dado cuenta. Sí, es eso, dijo la doctora. Y urgente a ponerle oxígeno a la nena, a ponerle hidrocortisona o algo que le abriera los bronquios. Ailén después empezó a ponerse morada.

Cada vez que fumigaban, ella se ponía morada.

PE: *¿Le tuvieron que hacer más estudios a la nena?*

VP: A mi hija, cuando ya tenía un añito, la llevé al neumonólogo en Rosario para que le hicieran estudios de alergia, a ver si todo el problema era ese.

El neumonólogo me dijo que no, que Ailén no era alérgica, y de todas las vacunitas que le pusieron no brotó ninguna. El médico entonces me dijo que el 98% de los broncoespasmos recurrentes son en chicos que viven frente a los campos, los que están expuestos a la fumigación.

"Andá, hablá con el dueño del campo y decile que te compre una casa en el centro", me dijo el médico. "Vos a la nena la sacás de ahí porque no va a aguantar más".

Entonces yo le digo: "Escúcheme, la casa nos la hicimos mi marido y yo. Nosotros la construimos, no puede ser que me tenga que ir por este señor que tiene 300 hectáreas".

PE: *Después vino el amparo...*

VP: Sí, aunque hacía 5 años que yo venía denunciando la fumigación frente a mi casa. La policía a veces venía, paraba la máquina y dejaban de fumigar. Otras veces, no se le hacía caso a la policía y fumigaban. Cuando llegaba la policía, la máquina ya se había ido…

Fumigaban principalmente con "mosquito", pero en otro campo también vecino, porque mi casa está ubicada en una especie de "L", vos veías pasar el avión largando un humo blanco.

PE: *Usted tiene más hijos, ¿también sufrieron consecuencias por las fumigaciones?*

VP: Yo tengo 6 hijos. Ailén es la más chica. Como los más grandes no nacieron en Urquiza sino cuando yo todavía vivía en la casa de mi papá, no tuvieron problemas. Hace 17 años que estoy acá. Uno de mis hijos, Gabriel, hoy tiene 16 años y problemas de broncoespasmos.

En los más chicos hay problemas de estómago, y una de mis nenas, de 8 añitos, tiene desarrollo precoz.

PE: *¿En el resto de San Jorge se ven casos similares?*

VP: Acá hay casos de malformaciones. Y esto lo dijo la doctora, no nosotros, en el juzgado y cuando hicimos el amparo. La pediatra de Ailén, como trabaja en el hospital aparte de hacer consultorio, dijo que en este barrio había problemas de malformaciones y muchos problemas de broncoespasmos.

Ahora que se paró de fumigar el Ministerio de Salud dijo que habían mermado mucho los broncoespasmos y las rinitis. Más de la mitad, mermaron los casos. Teníamos algo de razón.

PE: *Antes del amparo y por las complicaciones en la salud de Ailén, ¿pudo hablar con el intendente de San Jorge? ¿Tomó contacto con el poder político?*

VP: Cuando lo fui a ver, el intendente me dijo que si querían iban a fumigar incluso en avión frente a mi casa. Que era zona rural.

Yo vi al intendente antes del amparo. Hice labrar una carta con un abogado, estaba desesperada. Ailén había estado internada en Santa Fe, con mangueras en todos lados. Yo no podía creer que le estuvieran pasando esas cosas siendo tan chiquitita.

Cuando fui a hablar con el intendente lloré, supliqué, no fui agresiva. Fui a pedir por favor que me ayudaran, que dejaran respirar a la nena por lo menos un año más. No fui a pedir una casa.

Pedí que pararan de fumigar por lo menos uno, dos años, a ver si la nena reaccionaba.

PE: *¿En algún momento intentaron persuadirla para que frene la acción judicial? ¿Le ofrecieron algo?*

VP: Sí. Uno de los señores de los campos siempre me ofreció plata. Me ofreció ir a un hotel con los chicos cuando él necesitara fumigar. Me dijo que no tenía problemas. Pero yo no quiero eso, no necesito que me den plata.

Lo que haya que hacerle a la nena lo hago y lo pago yo. Sólo quiero que me dejen en paz. Nada más.

PE: *Estos productores de soja que fumigan tan cerca de su casa, ¿viven en el mismo campo? ¿Tienen trato de vecinos con la gente de Urquiza?*

VP: No, ellos no viven acá. Viven en el centro de San Jorge. Acá lo que tienen son los galpones llenos de productos nomás.

PE: *Cuénteme, y para finalizar, ¿cómo está Ailén hoy? ¿Se recuperó de sus dolencias?*

VP: Hoy Ailén está bien gracias a que dejaron de fumigar. Pero hace como un año fumigaron con avión, como a 500 metros de mi casa, y eso volvió a hacerle mal.

Ahora la tengo que llevar al neumonólogo para que la vean porque ella, cuando llora, siempre se pone morada. Le quedan los labios blancos y la cara morada.

La pediatra me dijo que hay que llevarla al neumonólogo porque en un pulmón seguro tiene problema.

ESTELA LEMES
(enero de 2013, actualizado)

Hace más de once años que soy directora de esta escuela y siempre viví acá. La escuela es la número 66, Bartolito Mitre, y está ubicada en la localidad de Costa Uruguay Sur, en el departamento de Gualeguaychú, Entre Ríos. Mi nombre es Estela Lemes y, a la par de directora, también soy maestra en la misma escuela.

Acá vienen catorce chicos, de jardín a sexto grado. Son chicos de la zona, de cinco a doce años, a los que también atendemos con un comedor. A la escuela se llega a través de tres caminos de ripio y tierra que también te llevan a las estancias donde trabajan los papás de nuestros alumnos.

La escuela está justo frente al campo. Cruzás la calle y ya te encontrás con el lote. En 2010, una avioneta pasó fumigando sobre ese mismo campo y cada vez que dio la vuelta sobrevoló la escuela, el patio, sin dejar de despedir veneno. Yo misma filmé a esa avioneta con mi teléfono.

En 2011, en el mes de octubre, fumigaron otra vez en el mismo campo pero con máquinas terrestres tipo mosquito. Ya en septiembre de 2012 pulverizaron a partir de las dos y media de la tarde, justo cuando los chicos estaban en pleno recreo.

Como ese día el viento estaba para el lado de la escuela, el veneno nos pegó en la piel, en la cara. Nos ardía todo. Los chicos empezaron a tener problemas respiratorios en el mismo momento de la fumigación. Empezó la tos, la picazón en la garganta, por lo que inmediatamente los llevamos al aula y los dejamos encerrados.

En ese momento había mamás y papás que me estaban ayudando a preparar la escuela porque al otro día teníamos una fiesta, y ellos también sintieron molestias en la nariz y la garganta. Incluso los papás se acercaron conmigo al alambre del campo para hacerle señas al fumigador de que tenía que dejar de pulverizar, pero el hombre en ningún momento se dio por aludido. Siguió hasta que terminó su trabajo.

Llamé a la policía y ellos vinieron. Los mismos padres me instaron a que haga una denuncia. Creo que la mía fue la primera denuncia judicial que se hace en Entre Ríos por estos inconvenientes en la escuela.

Nuestra situación no difiere mucho de lo que sucede en otros lados de la provincia. Hay que pensar que solamente en el departamento de Gualeguaychú hay muchos establecimientos educativos que sufren lo mismo. No hicieron la denuncia pertinente, pero sólo en este departamento hay dieciocho escuelas fumigadas.

¿Cuándo empezó esto? Que yo recuerde, fue hace unos cuatro o cinco años atrás. Antes no teníamos este problema. En una época toda esta zona, que está a unos 15 kilómetros del centro de Gualeguaychú, estaba dedicada a la ganadería. Hoy todo es siembra de soja.

Después de la fumigación de septiembre de 2012, a los diez días, el señor que nos había fumigado se presentó en la escuela para ofrecerme una donación.

Yo lo tomé como una extorsión encubierta y dije que no podía aceptar ninguna donación. Vinieron tanto el que fumigó como el arrendatario del campo. Ni siquiera son productores de la zona, sino que viven en la localidad de Larroque.

Tanto el fumigador como el arrendatario dijeron que nunca supieron que la nuestra era una escuela. Nos pareció una burla que digan que no la vieron siendo que en el momento en que echaron agroquímicos los chicos corrían por el patio con sus guardapolvos, estaba la bandera inmensa izada, y además se veía muy claro el cartel que dice "Escuela número 66". Pero igual, ellos se excusaron diciendo que no vieron que se trataba de una escuela.

Este es un tema político y hay muchos intereses en juego. Muchos señores sojeros tienen que ver con el gobierno de la provincia. Sin ir más lejos, la Asamblea Ambiental Gualeguaychú, que nunca se acercó a la escuela por el problema de las fumigaciones, hace muy poco me contactó y tuve una reunión con sus integrantes. Bueno, ahí me di cuenta de que muchos de los integrantes de la Asamblea Ambiental Gualeguaychú, que luchan contra la contaminación de las papeleras, son productores sojeros.

Otro problema está en que acá muchos tienen internalizado lo que produce la fumigación. Hay dos o tres chicos a los que les vuelven las alergias cada vez que se vuelve a echar veneno en la zona, y ellos dicen sin problema que es por las fumigaciones. También está el tema de que muchos padres son peones de campo y si no es por el trabajo en los campos no tendrían trabajo alguno.

En mi caso particular, mis hijos tuvieron grandes erupciones en la piel que, por desconocer los efectos de las fumigaciones, en su momento fueron tratadas como alergias. Y todos tuvimos problemas respiratorios.

Todavía desconocemos otras consecuencias porque acá no tenemos médicos. También está el inconveniente del agua, que también se contamina con las pulverizaciones. Acá está el arroyo Venerato, bastante grande y conocido, que tiene contaminación porque muchos productores van y lavan sus mosquitos ahí mismo.

Por supuesto, nadie toma agua de ese arroyo. Pero hay que pensar que sí hay animales que comen en sus cercanías y beben del Venerato. Y nosotros después vamos y consumimos la carne de esos mismos animales.

En la actualidad, Estela Lemes sufre atrofia muscular en piernas y brazos y se le detectó herbicida glifosato e insecticida clorpirifos en sangre. Mantiene un litigio judicial con la ART del Instituto Autárquico Provincial del Seguro de Entre Ríos (IAPSER), un organismo estatal de dicho distrito, que se niega a cubrir su tratamiento médico.

El caso Ituzaingó

"Llamame más tarde que como me estoy mudando es un lío y no sé qué pasa que hoy suenan todos los teléfonos". Del otro lado de la línea telefónica, la tonada cordobesa de Sofía Gatica invita a iniciar la entrevista una o dos horas después del primer llamado.

Amable, al finalizar la primera charla propondrá nuevas comunicaciones para agotar cualquier duda. "No te preocupes que yo te voy a contar todo", dirá en más de una oportunidad.

Quien habla desde Córdoba, siempre con un dejo de humor al final de cada frase, es la ganadora del considerado Premio Nobel del Medio Ambiente, el Goldman 2012, que se entregó en abril de ese año en la ciudad estadounidense de San Francisco.

"Me dan un premio importante en otro país y acá sigue todo igual. La gente se sigue enfermando", comentará al respecto. Pero las razonas del contacto con Gatica van mucho más allá del Goldman 2012, aunque el galardón guarde relación directa con los motivos que impulsan nuestra consulta.

Los argumentos que le aseguraron a Gatica el premio son los mismos que motorizaron la entrevista que siguió a los primeros contactos telefónicos. Esto es, su gesta dentro de un colectivo, "las Madres de Ituzaingó", que a partir de 2001 comenzó a denunciar contaminación con agroquímicos en un barrio de, por entonces, 5.000 habitantes situado en la periferia de la ciudad de Córdoba.

Durante años, Gatica participará de la lucha de ese mismo grupo de mujeres con hijos o parientes afectados por cánceres y malformaciones o víctimas de abortos espontáneos, que en agosto de

2012 se alzará con un triunfo judicial sin precedentes: la condena a tres años de prisión para el productor agropecuario Francisco Parra y el aviador Edgardo Pancello por fumigar sobre los habitantes de Ituzaingó.

Antes, Gatica había concretado acciones como el relevamiento casa por casa de las personas enfermas del barrio. Dicha acción derivó en un mapa de Ituzaingó abarrotado de puntos que denotaban casos de leucemia, anemias hemolíticas, linfoma no-Hodgkin, lupus púrpura o cánceres de intestino, entre otros males.

"Eran tantos los casos de personas con problemas de salud, con cáncer, que el mapa del barrio que había hecho me quedó chico. Nadie se había dado cuenta de que estábamos todos enfermos; que las madres andaban con pañuelos en la cabeza y los chicos con barbijo", contó la entrevistada.

Pero más allá de la victoria judicial de 2012, la lucha de Gatica también es un testimonio feroz de cómo la salud del ciudadano común se encuentra atada a un entramado de intereses políticos que, llegado el caso, no duda en sacrificar la posibilidad de un bienestar general, público, para privilegiar el éxito económico de un sector en particular, privado.

"Esto empieza a fines de 2001, cuando muere mi hija recién nacida por una malformación en el riñón. Para esa fecha ya tenía en la misma cuadra hasta 6 mamás que habíamos perdido algún hijo. Como uno no se resigna a la pérdida de un hijo, empecé a preguntar casa por casa porque pensé que ahí había algo que nos estaba enfermando", detalló Gatica.

"Adónde iba me decían 'Ahí vive Claudia y tiene el hermano con leucemia'. Iba a la casa de Claudia y ella me decía 'Ahí enfrente vive una mamá a la que se le murió la hija de 18 años con linfoma no-Hodgkin'. Hice unas manzanas de relevamiento y lo presenté al Ministerio de Salud. Nos estamos enfermando y quiero que investiguen si es el agua, los agroquímicos o el PCB de los transformadores, dije yo", agregó.

La recolección de testimonios efectuada por la vecina de Ituzaingó expondrá la existencia de más de 300 casos de cáncer distribuidos entre sus 5.000 habitantes.

¿Qué hizo el gobierno provincial con este trabajo?

"Lo cajoneó, lo escondió. Entonces junté a toda la gente del barrio que había visitado y salimos a la calle. El ministro de Salud era Roberto Chuit, y como gobernador estaba (José Manuel) de la Sota", dijo Gatica.

Bajo el peso de una protesta creciente, y siempre a regañadientes, Chuit –quien, según la entrevistada, en más de una oportunidad tildará de "locas" a las Madres de Ituzaingó– ordenó a partir de 2005 una serie de estudios que arrojaron los peores resultados: el agua del barrio estaba contaminada con endosulfan y el grado de toxicidad general era tal que el barrio resultaba prácticamente inhabitable.

"El endosulfan es uno de los tantos químicos que tiraban en los campos de soja que están pegados al barrio. El Gobierno provincial, entonces, decide cortarnos el agua porque está contaminada con agroquímicos. Nos empiezan a mandar camiones para el aprovisionamiento, pero la cantidad no nos alcanzaba", relató Gatica.

Para luego disparar: "Para devolvernos el agua, el Gobierno nos hizo renunciar a nuestros derechos. Reconocían que había algo que contaminaba, pero a cambio del agua nos hicieron firmar que no haríamos juicio. Fuimos como diez vecinos y firmamos eso. Con eso nos dieron una válvula de Buenos Aires, y es por eso que hoy hay agua potable, corriente, en Ituzaingó".

En 2007, detalló Gatica, hará su aparición Ariel Depetris, médico de la Organización Panamericana de la Salud (OPS).

"Depetris confirma que el barrio está contaminado. Y ratifica que había 16 casos de leucemia cuando sabíamos que se dan 1 o 2 casos en 100.000 habitantes. Nosotros teníamos 16 en 5.000", dijo.

Ya en 2008, las Madres de Ituzaingó obtendrán uno de sus primeros triunfos en el ámbito de tribunales: en diciembre de ese año, y tras una presentación de la Subsecretaría de Salud de la Municipalidad de Córdoba, la Justicia fijará provisionalmente en 500 metros la distancia que debían guardar las fumigaciones terrestres respecto del barrio cordobés, mientras que para las pulverizaciones aéreas la distancia límite quedará en 1.500 metros.

El accionar de Gatica y sus compañeras de lucha tendrá un efecto tal en la opinión pública que, a principios de 2009, arrancará del Gobierno Nacional el gesto político más importante de los últimos años en torno a la problemática de las fumigaciones.

Como ya comentamos en capítulos anteriores, el 16 de enero de 2009 y por decreto 21/2009, la presidenta Cristina Fernández de Kirchner puso en marcha la Comisión Nacional de Investigación sobre Agroquímicos "para la investigación, prevención, asistencia y tratamiento en casos de intoxicación o que afecten, de algún modo, la salud de la población y el ambiente con productos químicos en todo el Territorio Nacional".

Al frente de esta comisión quedará Graciela Ocaña, por entonces ministra de Salud de la Nación pese a su formación profesional en Ciencias Políticas.

El grupo de trabajo concentrará especialistas del Consejo Nacional de Investigaciones Científicas y Técnicas (CONICET), la Secretaria de Ambiente y Desarrollo Sustentable de la Jefatura de Gabinete de Ministros, la secretaria de Agricultura, Ganadería, Pesca y Alimentos, el Instituto Nacional de Tecnología Agropecuaria (INTA), y el Instituto Nacional de Tecnología Industrial (INTI).

Y, como ya se especificó en capítulos anteriores (ver: "El País de los Perjudicados"), también sumará representantes del Ministerio de Ciencia, Tecnología e Innovación Productiva a cargo de Lino Barañao.

"El decreto hizo que se formaran dos comisiones, en realidad. Una fue para ver qué estaba pasando en el barrio Ituzaingó. Esta comisión terminó un informe en 2011 donde dice que el 33% de la población de Ituzaingó muere por tumores. Y que el 80% de los chicos tiene agroquímicos en la sangre", explicó Gatica.

Para la confección de dicho informe, destacará la entrevistada, será de vital importancia "el trabajo de los médicos de la UPAS (Unidad Primaria de Atención de la Salud) 28".

En paralelo, siempre según Gatica, el Ejecutivo también activó otro grupo de trabajo, aunque éste dedicado directamente a comprobar los efectos del glifosato sobre la salud.

"Hacen un informe donde dicen, más o menos, que el glifosato es agua bendita. En la declaraciones del doctor (Andrés) Carrasco en el juicio —que derivó en condena en 2012— él dice que ese informe está hecho por gente que trabajó para Monsanto. Había dos científicos que trabajaron para Monsanto", expuso la líder de Madres de Ituzaingó.

El resultado final de la comisión que investigó las consecuencias del uso de glifosato, para beneplácito de los fabricantes del agroquímico y de los productores de soja transgénica en general, nunca arrojó conclusiones contundentes respecto de la toxicidad del plaguicida.

Por ende, su uso recibió del gobierno de Cristina Fernández de Kirchner un espaldarazo político que hasta el día de hoy continúa vigente.

Sofía Gatica abandonó el barrio Ituzaingó en 2010 para trasladarse a otra zona de la provincia de Córdoba. Se estima que en torno a la capital mediterránea se cultivan alrededor de 11.000 hectáreas de soja que son pulverizadas de forma periódica.

En la actualidad, la ganadora del Premio Goldman 2012 reside en Anisacate, una localidad de alrededor de 3.000 habitantes distante casi 40 kilómetros de Córdoba capital.

Pero los efectos de lo vivido durante tantos años en Ituzaingó siguen a su lado, como si la pesadilla aún no tuviera fin.

"Hicimos nuestra casa en Anisacate y ahí es donde me fui a vivir. Ahí hay una ley que limita las fumigaciones", contó.

"Tengo otros 3 hijos, todos tienen agroquímicos. Una de mis hijas tiene 3 agroquímicos (en la sangre), y a otro de mis hijos se le paralizaba el cuerpo después de las fumigaciones, no podía caminar", expresó. Para luego concluir: "Como vivíamos pegado al campo con soja, lo tuvimos que internar un montón de veces. Vivía constantemente internado, por lo general en enero y febrero. La primera vez que le agarró la parálisis tenía 5 años. Ahora tiene 20 y está bien. A mi hija, que ahora tiene 13 años, le hice estudios y le encontraron glifosato y endosulfan. Todavía tiene agroquímicos en la sangre".

FABIANA RAMOS
(septiembre de 2012)

Yo soy nacida y crecida en la ciudad, en Reconquista. Hace 16 años, más o menos, vine a vivir a La Sarita, me titularicé y, trabajando en las escuelas, empezamos a ver el problema de las fumigaciones.

Lo que más me impactó fue cuando, hace unos años atrás, estábamos en la escuela 1.142 de Paraje El Uno, a pocos kilómetros de La Sarita. Había una reunión de madres y al frente y detrás de la escuela estaban fumigando con avioneta.

A la mayoría de las docentes les había caído mal. Y lo que más nos llamaba la atención es que la avioneta pasaba por sobre la escuela, pero no cortaba cuando echaba el veneno.

Digamos que ahí se empezó a notar, sobre todo en el grupo de padres que estaban presentes, cuál era el problema de que fumigaran y de estar en contacto con el veneno.

Y un día empecé a investigar qué había, si se podía prohibir, qué era lo que se podía hacer.

Como estaba funcionando un programa de desarrollo local, en los grupos con los que se trabajaba surgió como una problemática para seguir adelante, y una de las cosas que se quería hacer era que se restringiera el uso.

Y se formaron distintos grupos de trabajo dentro de lo que era esto de las fumigaciones, y uno de los grupos era el encargado de ver las distintas ordenanzas que había y las leyes que había, para poder crear una ordenanza comunal.

Eso llevó muchos años y hace poco, ahora, se generó una ordenanza sobre el tema, pero no tiene bien delimitado los lugares en los que se puede fumigar, porque es como que se confunde mucho la parte rural y la urbana.

Prácticamente detrás de los patios de las casas, en el pueblito, tenés zonas en las que se cultiva, entonces el problema es la delimitación, hasta dónde se fumiga.

Docente de la Escuela 6.205 de La Sarita Vieja. Comuna de La Sarita, departamento General Obligado, provincia de Santa Fe.

Vivo en una comunidad que se llama Campo Ramseyer, que está a 6 o 7 kilómetros de Los Laureles, que es toda zona de campo.

Si bien estamos en el pueblo, estamos rodeados de cultivos de soja y girasol, y eso requiere mucho veneno y los productores están todo el tiempo fumigando.

Soy alérgica a algunos tipos de agroquímicos: normalmente me ataca mucho la alergia al glifosato, al Roundup.

Los productores no te dan ninguna respuesta, solamente te dicen que por tener (el envase) banda verde no daña la salud, por lo tanto ellos no están haciendo mal fumigando.

Pero mi piel no resiste ese veneno, se irrita, me pongo re colorada. Aparte de que soy re gringa, me pongo re colorada.

Otra cosa: me altera los nervios y me perjudica mucho en el tema de que, por ejemplo, no puedo venir a la escuela.

Al tener todo el camino con chacras, me perjudica en que no puedo venir a la escuela y aparte si me agarra cuando estoy viniendo a la escuela después me tengo que volver, porque tampoco me agarra automáticamente, sino que yo paso por donde están fumigando y a las dos o tres horas me siento mal, me descompongo, y tienen que venir mis papás a buscarme.

Acá en la escuela tenemos un silo al lado, y cuando remueven eso, sale el olor a veneno. Muchas veces lo hacen a la tarde, en horario en el que estamos en la escuela.

También tenemos alrededor una chacra donde se cultivaba girasol y soja y que también fumigaban en horario escolar.

Ahora creo que no están sembrando eso, por eso no están fu-migando, pero de todos modos estamos expuestos al aire porque a un kilómetro de acá seguro tenemos sembrados de girasol y de soja. Seguro están fumigando.

Alumna de 5° año de la EDEM 1.314 de Los Laureles. Sur de Reconquista, provincia de Santa Fe.

Fernando Esteban es perito apicultor, técnico superior en Bromatología y, desde hace veintitrés años, director de la principal publicación especializada en el mundo de las abejas: Espacio Apícola.[127]

En febrero de 2013, el experto accedió a responder una serie de interrogantes respecto de cómo las fumigaciones afectan a las abejas.

Entre otras precisiones, Esteban destacó la disminución de la actividad apícola de 2005 a esta parte por efecto de variables como la expansión de la frontera agropecuaria, la reducción de masas forestales y espacios verdes y la aplicación de pesticidas que, aunque esparcidos para combatir otros insectos, eliminan a la abeja.

¿Qué sucedería si desaparecen completamente las colmenas? ¿Cuán responsable es el monocultivo del decrecimiento de la apicultura? ¿Cuál es la respuesta de los gobiernos provinciales y nacional ante la situación de los apicultores? Las respuestas a estas y otras preguntas, a continuación:

Patricio Eleisegui: *Cuénteme, en primer término y para fijar un contexto, cómo es la situación de la apicultura en la Argentina. ¿Quiénes integran el mapa de producción?*

Fernando Esteban: La provincia apícola por excelencia sigue siendo Buenos Aires. El territorio bonaerense tiene un régimen

---

[127] http://goo.gl/GBl7lK

pluvial, un rango de temperaturas, un suelo y una diversidad biológica muy afines a la abeja.

Si bien la agricultura con su alta carga de herbicidas, insecticidas y fungicidas diezmó la apicultura en la provincia de Buenos Aires, por sus características permite la apicultura aun donde las condiciones no son las aparentemente óptimas para la actividad.

Además, Buenos Aires cuenta con una mano de obra calificada y una importante red de servicios para el sector.

PE: *¿Qué otros distritos se destacan?*

FE: Después de Buenos Aires, en producción de miel se ubican Entre Ríos, Santa Fe y Córdoba. Precisamente Córdoba y Santa Fe tuvieron una expansión muy importante que arrancó a fines de los años 80 y se desarrolló plenamente durante la década del 90. Esto sucedió en torno a la cuenca lechera de Sunchales (Santa Fe), todo el arco circundante a la laguna de Ansenuza (Córdoba), la cuenca lechera de Villa María (Córdoba), y la región ganadera en torno a Río Cuarto (Córdoba).

Después vienen San Luis y La Pampa, pero con un régimen de ciclos de sequía más marcados que les aseguraron años muy buenos en medio de largos períodos donde no se cosechaba nada. Además, la caída en la superficie sembrada de girasol en esas dos provincias fue determinante en los últimos años.

PE: *Usted marca la evolución en los años 80 y 90. ¿Qué sucedió tras ese buen momento para la actividad?*

FE: A partir del año 2003, y tras la gran devaluación de 2002, la agricultura pasó a ser muy rentable y además ya estaba impuesto un modelo agrícola que expulsó a toda otra actividad que no sea la siembra directa con barbecho químico (aplicación de agroquímicos y fertilizantes para acelerar la vuelta a la producción de la tierra). Esto, claro, sin reparar en ningún otro recurso ambiental, económico o social. La abeja y el apicultor, entonces, empezaron a desaparecer.

PE: *Por fuera de Buenos Aires o Córdoba, ¿cómo es la situación en el resto de las provincias donde se practica la apicultura?*

FE: Bueno, Entre Ríos está en una etapa de transición en la que estamos viendo cómo hasta el arroz tiende a desaparecer ante el avance de la siembra directa con barbecho químico y, por supuesto, toda la tecnología basada en agroquímicos para el cultivo de maíz y soja. En esa provincia, hasta las cañadas pobladas de arbustos y árboles de bajo porte, preparadas para escurrir el agua en ciclos de abundantes lluvias, han sido invadidas por cultivos durante los períodos más secos. Hoy, cuando llueve, la situación ahí se hace crítica.

Entre Ríos todavía conserva para la apicultura algo de cítricos, los eucaliptos sobre la costa del río Uruguay, las chilcas en las cañadas que atraviesan la provincia, algo de monte y, sobre todo, la floración de la región del delta del río Paraná donde, a causa de las inundaciones anuales, no hay piso para siembra. Igualmente, ahí se generan mieles de una calidad inferior a la de las praderas.

PE: *¿Qué sucede en Corrientes, Chaco o Santiago del Estero?*

FE: Integran un segundo anillo junto con Tucumán, Catamarca, el oeste de Córdoba, La Rioja, San Juan y Mendoza. Es un anillo marginal para la producción de miel. Lo que queda de bosque santiagueño podría ser uno de los focos más importantes en esta etapa, pero tiende a desaparecer porque actualmente, después de Salta, Santiago del Estero es la provincia con más alta tasa de desmonte.

En Chaco, Formosa, Corrientes o Misiones las altas temperaturas son un problema. Este segundo anillo es bastante bueno para los apicultores trashumantes de las provincias centrales de la apicultura. Llevan sus colmenas al norte en el mes de julio y luego bajan a otras zonas a principios de octubre para, finalmente, finalizar las giras en sus zonas de origen a fines de noviembre.

Este fenómeno se repite en Catamarca, La Rioja, el oeste de Córdoba y San Juan. Son zonas de transición para los apicultores trashumantes.

En cuanto al resto del país, hay una apicultura vinculada a la polinización de frutales en el valle de Río Negro y alguna actividad apícola en Chubut y Neuquén.

PE: *Dadas estas variables y el cambio de escenario por efecto de la agricultura intensiva, ¿cuántos apicultores operan hoy en la Argentina?*

FE: Aunque no hay fuentes certeras al respecto, oficialmente existirían unas 30.000 personas inscriptas como apicultores. El porcentaje de esa cifra que realmente ejerce la actividad ronda el 20 % (6.000). La actividad está en franco retroceso desde el año 2005. Entre 2003 y 2005 contábamos con 4 millones de colmenas de abejas melíferas. Hoy hay poco más de 2,5 millones de colmenas en producción.

PE: *Si bien ya aportó algunas precisiones, ¿podría ahondar en los factores que hoy complican a la apicultura?*

FE: Hay varios factores. En primer lugar, el modo en que se implementa el sistema de siembra directa con barbecho químico implica la destrucción masiva y sistemática del ecosistema original para la implantación de lo que se ha dado en llamar un "agrosistema".

Esto último es una falacia absoluta pues un sistema involucra un tejido de diferentes actores, y lo que aquí se ha impuesto es un mero monocultivo cuya tecnología de implantación destruye cualquier otra actividad productiva o la misma sustentabilidad ambiental, ya que impide mantener un manto verde con actividad de fotosíntesis durante el invierno.

En un ámbito en el que la tierra permanece desnuda al sol durante más de 8 meses, sin vegetación alguna, la abeja no puede vivir. Esto lo provocan herbicidas totales como el glifosato o el 2,4-D.

PE: *Ahora que menciona al glifosato, al 2,4-D, ¿qué efecto tienen estos y otros productos similares sobre las abejas?*

FE: La mayoría de los llamados fitosanitarios son altamente tóxicos para las abejas en sus distintas formas de aplicación. Cuando se fumiga con insecticida mediante un avión o un vehículo terrestre como el mosquito, la abeja es atacada en forma directa con la aplicación. Si, por ejemplo, lo que se está combatiendo es una chinche con endosulfan o con algún piretroide mezclado con otras sustancias neurotóxicas, la abeja resulta tan afectada como la chinche.

Pero no todo queda en la acción directa. Si lo único que sucediese fuese la mortandad de las abejas al momento de la fumigación en el campo, eso provocaría un daño importante pero no catastrófico. Lo grave de muchas fumigaciones es que, además de su efecto inmediato y su efecto residual, está el tiempo que el producto demora en matar al insecto.

Esto último depende del producto y de la dosis que alcanzó a la abeja. El punto es que, como la abeja es un insecto social y vive en una colonia con hasta 80.000 individuos, cuando llega contaminada a la colmena muere ahí mismo y contamina a los demás individuos, tanto adultos como crías. Eso provoca el colapso de la colmena.

PE: *¿Cuáles son los plaguicidas que más perjudican a las abejas?*

FE: Los primeros productos que afectan a la apicultura son los herbicidas, porque eliminan el recurso de las abejas. Eliminan las plantas, las flores de las que las abejas se nutren y con las que los insectos arman una cadena de suministros desde el invierno hasta el fin del verano. Los herbicidas cortan todo el ciclo alimentario, no sólo de la abeja sino de todo ser vivo en el ecosistema.

Después, la abeja es un insecto, por lo que está entre los posibles destinatarios y objetivos de los insecticidas. Por lo general, se aplican insecticidas de amplio espectro sin medir consecuencias: clorados, fosforados, piretroides, son los más perjudiciales para las abejas. A esos le siguen los neurotóxicos. Los primeros queman al insecto al contacto, los segundos afectan el sistema nervioso de la abeja y en el avance de su intoxicación ésta contamina la colmena antes de morir.

Finalmente, los fungicidas aparecen como los productos más tóxicos para las abejas y los ecosistemas en general. Los hongos son muy resistentes porque tienen la capacidad de degradar infinidad de compuestos químicos. Por lo tanto, el fungicida debe ser altamente tóxico como para evitar ser degradado.

PE: *Más de una vez escuché que la supervivencia del hombre estaba atada a la existencia de las abejas. ¿Qué tan real es eso? ¿Por qué es tan importante la presencia de la abeja para los ecosistemas?*

FE: Nos consta que la abeja es un recurso indispensable para la polinización o reproducción de más del 30 % de los alimentos que hoy consume la humanidad. Además, la abeja presta su servicio de polinización a distintos ecosistemas asegurando la sustentabilidad.

Por otro lado, existen innumerables especies que cumplen un rol vital en la naturaleza y que, en paralelo, elaboran recursos cuyo valor todavía desconocemos. Es el caso de nuestras abejas nativas meliponas y trigonas, que producen la miel de los palos o la miel rosada. Ambas contienen compuestos muy valorados por las culturas originarias debido a su capacidad medicinal. Se trata de compuestos que nuestros laboratorios en algún momento deberían decodificar para comprender su valor.

PE: *En virtud del efecto mortal que los plaguicidas tienen sobre las abejas y cómo su aplicación tiene relación directa con la disminución de la apicultura, ¿se han elevado reclamos a las autoridades por la situación de los productores?*

FE: La situación es compleja. La inmensa mayoría de los apicultores no son propietarios ni siquiera del rectángulo donde colocan sus colmenas. Colocan las colmenas en un rincón o a la sombra de una arboleda en un lugar prestado o por el que se entregan determinados kilos de miel al año al propietario de la tierra.

Así la fumigación se haya producido en el lote de un vecino, notificar eso implica que el denunciado irá directamente al dueño del campo a decirle lo que ha hecho el apicultor.

Por ende, si uno hace una denuncia, lo más probable es que se deba abandonar el campo en el que están colocadas las colmenas y no se consiga otro lugar para instalarlas en 100 kilómetros a la redonda.

Este cuadro de situación es el que ha significado el fin para muchos apicultores, que sólo en contados casos han logrado hacerse con alguna mísera indemnización. Lo que la inmensa mayoría hace es agachar la cabeza.

PE: *De no haber un cambio rápido en este escenario ¿qué sucederá con la apicultura de cara a las próximas décadas?*

¿Hay algún indicador que aporte algo de optimismo para los apicultores?

FE: El problema lo origina el sistema de producción exclusivo y excluyente de hoy en día. No se puede hacer más que aquello que la tecnocracia determina: maíz, soja, algodón. Mañana podría ser papa, alfalfa o trigo.

El punto está en que se trata de un sistema excluyente de cualquier otra actividad. Estamos ante un problema exponencial. La apicultura ya se retiró de la mayoría de las zonas donde el porcentaje de suelo dedicado a la implementación de siembra directa con barbecho químico ya es muy alto.

Y seguirá retirándose no sólo porque en esos lugares no puede vivir la abeja, sino porque en esas zonas tampoco puede vivir la gente. La imposibilidad de subsistencia de la abeja no es más que el anuncio de que desaparece la vida.

Así como se lleva un canario al fondo de una mina y su muerte delata el bajo nivel de oxígeno en ese sitio, la imposibilidad de la abeja de sobrevivir en un hábitat es el anuncio de la situación crítica en la que se encuentra ese ecosistema y, por supuesto, el hombre que lo habita.

Jeremías Chauque

Jeremías Chauque es músico. Hijo del reconocido folclorista tehuelche Rubén Patagonia, vive en Desvío Arijón, provincia de Santa Fe, con su mujer y dos hijos de ocho y cinco años respectivamente.

Contactado a principios de 2013, Chauque dio detalles de cómo, con complicidad de la policía local, fue amenazado de muerte por productores a los que denunció por fumigar a 50 metros de su casa.

También expuso la situación sanitaria de Desvío Arijón, un pueblo de menos de 4.000 habitantes que alguna vez fue epicentro de la producción de frutillas en Santa Fe y hoy es otro territorio ganado por el monocultivo de soja.

En diálogo telefónico, el músico se refirió a la presencia del transgénico a media cuadra de su casa, el incremento del cáncer en esa localidad, el hallazgo de glifosato en leche materna y la persecución y las amenazas que sufren quienes luchan por preservar la salud de sus familias.

Patricio Eleisegui: *Contame un poco cómo es Desvío Arijón y por qué la decisión de radicarse ahí dado tu origen patagónico.*

Jeremías Chauque: Desvío Arijón es un pueblito que está a orillas del río Coronda, sobre la ruta 11, a 30 kilómetros de Santa Fe. Es un pueblito que fue el corazón de la producción de frutillas. Y también hay muchas familias de pescadores.

En nuestro caso, con mi compañera decidimos dejar las grandes ciudades. Tenemos dos hijos: un nene de 8 años y una nena

de 5. Tengo 35 años y decidimos con mi compañera darles a ellos
otra calidad de vida. Consideramos que el campo y el ambiente
rural es un lugar apropiado para que ellos puedan tener una base
fundamental para su futuro.

Soy músico, tengo sangre mapuche, tehuelche, soy nacido en la
Patagonia, en Comodoro Rivadavia, y bueno, vengo con una cos‐
movisión muy ligada al respeto de la tierra. Es un modo de vida
que tenemos. Ahora que me tocó ser papá, prioricé junto con mi
compañera el hecho de que mis hijos vivan sus vidas cotidianas a
través de lo que uno propone a través de las canciones.

Mi compañera es de acá, de Desvío Arijón. Nos conocimos
en Cosquín y después empezaron a llegar los chicos. Considera‐
mos que entre criarlos en un departamento en la ciudad y hacerlo
en Desvío Arijón, lo mejor era irnos al campo. Y bueno, así fue
que arrancamos una vida aislada acá. Tenemos animales, nosotros
mismos construimos nuestra cabaña.

Pero después nos encontramos acá con una realidad que antes
leíamos en los diarios. Nos encontramos con la soja. Pero también
se puede decir que nos encontramos con el maíz transgénico.

Al poco tiempo teníamos soja a 50 metros de nuestra casa. Soja
en lugar de frutilla. De repente teníamos soja a una cuadra de la
escuela de nuestros hijos o a media del club donde juegan. O soja
a una cuadra de la plaza del pueblo.

**PE: *¿Cómo fue avanzando la soja y cuáles fueron las con‐
secuencias que empezaste a notar producto de esa expan‐
sión?***

JCh: Nosotros llegamos al pueblo hace poco más de ocho años.
Desde ese momento hasta hoy toda esta producción se fue pro‐
fundizando a un ritmo vertiginoso. Después, empezamos a notar
que muchos problemas de salud que antes no existían de golpe
empezaron a hacerse normales.

Imaginate, en un pueblito de 4.000 habitantes hablar de cáncer hasta hace unos años era rarísimo. Se daba un caso cada tanto. Hoy los problemas de cáncer son muchísimos, igual que los problemas en la piel o las enfermedades respiratorias.

Ahora hay mucha gente del pueblo que recién se está enterando que no es casual que esto esté pasando. Los medios no informan. Dentro del pueblo estamos haciendo un proceso; le estamos poniendo un nombre a esto que nos está pasando. En cada pueblo del interior, en Santa Fe, Córdoba, Entre Ríos, Chaco, Misiones, pasa lo mismo.

PE: *¿De qué manera fumigan en Desvío Arijón?*

JCh: Acá nos fumigaban con avión a 50 metros de nuestras casas. El avión pasaba mientras nuestros hijos estaban estudiando. Ahora se fumiga más con el famoso mosquito. En mi caso en particular, cansado de hablar con las autoridades del pueblo, de exigir que se frene esto, decidí yo mismo parar la fumigación.

PE: *¿Cómo fue eso?*

JCh: Si están tus hijos jugando ahí, a 50 metros de donde están tirando veneno, vas a hacer lo imposible por frenar eso. Uno directamente va, se mete en los campos, y frena eso. En el pueblo, de esa manera hemos logrado frenar cuatro o cinco fumigaciones que se hacían en el año. Nos metemos y frenamos la máquina. No queda otra.

PE: *¿Y qué pasa con los fumigadores? ¿Cuál es la reacción?*

JCh: Es una situación en la que uno se maneja con el mismo nivel de agresión con el que se manejan ellos. Agarrás lo que tenés a mano y los frenás como podés. La situación es extrema.

Acá se ha encontrado glifosato en la leche materna. En mamás que amamantan se han encontrado partículas de glifosato. Es una locura lo que está pasando. Estamos decididos a defender la vida de nuestros hijos. Pero, como vivimos en un mundo al revés, el peligroso soy yo. Yo tengo causas penales como si fuera un asesino. Y tengo causas penales por invasión a la propiedad privada, por amenaza agravada, por tentativa de no sé qué, por el simple hecho de ir a pedir que dejen de fumigar sobre mis hijos.

PE: *¿La policía no interviene cuando se dan estas fumigaciones o ve que la gente está siendo afectada por las pulverizaciones?*

JCh: La policía todas las veces que hemos ido a frenar las fumigaciones ha sido una fuerza de seguridad privada para el empresario. Y otra cosa: no son empresarios del pueblo. Son tipos que viven a 20, 30 o 40 kilómetros de nuestro pueblo y con la cultura de acumular plata cueste lo que cueste. Entonces van a tu pueblo, lo alquilan, lo sobreexplotan hasta que el campo deja de producir lo que ellos consideran, te lo devuelven y te queda la tierra envenenada, sin nutrientes. Son tipos que vienen una vez al año al campo en el que producen.

Además, las veces que me he metido en los campos, siempre me he encontrado con gente contratada de otro lado. Ellos trabajan con dos o tres empleados nomás. El mismo tipo que siembra con la máquina es el que luego te fumiga. La soja es una mentira. No genera mano de obra.

PE: *¿Cuáles son los inconvenientes de salud que más han sufrido tus hijos por las fumigaciones?*

JCh: Nosotros viajamos mucho, pero en las temporadas en las que hemos estado dos o tres semanas sin movernos lo más habitual es que aparezcan ronchas en la piel. Esto es algo que pasa en todos los pueblos.

Yo me doy cuenta de que están fumigando porque se me cierra el pecho y tengo ataques de alergia. Es una producción totalmente nociva para la salud. Es una producción que atenta contra, justamente, la memoria, el presente y el futuro de nuestro pueblo. Los médicos en vez de callarse o recetar un corticoide deberían empezar a investigar...

PE: *Tu oposición a este modelo, viviendo en un pueblo chico, imagino que te debe haber generado más de un enemigo. ¿Sufriste presiones o amenazas?*

JCh: Sí. En un caso puntual fuimos a frenar la fumigación en un campo que está a 50 metros de nosotros. Fuimos, frenamos la fumigación y llevamos al tipo que estaba fumigando a la policía. Ahí cayeron estos tipos, en sus camionetas 4x4 y con la soberbia de quien maneja contactos legales y tiene el poder para plantarse frente al jefe de la comuna.

Uno de los tipos, en mi caso en particular, no tuvo ningún problema en amenazarme frente a la policía diciéndome que cuide a mi familia, que sabía la hora a la que llevábamos a mis hijos a la escuela, y que no nos iba a dejar tranquilos hasta que nos fuéramos.

También me dijo que se habían juntado y estaban cansados. Y que este problema se arregla con un tiro. Esto fue en la comisaría.

Pero nosotros no tenemos miedo. Vamos a dejar la vida por nuestros hijos. No tenemos miedo, sino todo lo contrario. Nuestra decisión con mi compañera es defender ese derecho. Luego de las amenazas que recibimos vimos camionetas dando vueltas. Mi compañera se ha cruzado con camionetas que no son del pueblo. Acá conocés cada ruido, cada motor que llega...

Por suerte, hasta ahora, todo ha quedado en el nivel de la amenaza.

ALEXA ESTEVEZ
(diciembre de 2016)

Vivo en América, provincia de Buenos Aires, y en 2013 estuve embarazada de Eloy. En ese entonces yo tenía 17 años y mi casa estaba a dos cuadras de las plantas de semillas de ASP y Cargill. Para mi neonatólogo, todo lo que me pasó tuvo que ver con que aspiré aire con agroquímicos al pasar por esas plantas.

A las 22 semanas de embarazo, una ecografía que me hice en Trenque Lauquen por pedido de mi médico mostró que el tamaño de la vejiga del bebé era el triple de lo normal. Además ya mostraba que Eloy tenía problemas cardíacos y una sola aurícula. Al mismo tiempo, el estudio dio que el bebé tenía polidactilia en manos y pies. O sea, dedos de más.

Cuando nació el 16 de diciembre de 2013, Eloy tenía 8 dedos en cada mano y pie. Dos pulgares en cada una de estas partes, con uñas y todo.

Antes, el cardiólogo de Trenque Lauquen que detectó el tema de las aurículas nos derivó a La Plata donde nos confirmaron que mi hijo tenía una cardiopatía congénita. Después vimos un genetista que, tras distintas pruebas, descartó problemas genéticos en nosotros y el resto de la familia.

El parto fue en el hospital Español de La Plata. Cuando nació, Eloy ya tenía el corazón funcionando mal, y también problemas en los pulmones y los riñones. También sufría de paladar hendido.

En América no hay un solo registro de lo que le pasó a mi bebé, ya que al derivarme a Trenque Lauquen para los primeros estudios toda la historia clínica quedó asentada en otro distrito. Eso es algo muy habitual y de esa forma queda como que acá no pasa nada.

Pero en el barrio en el que yo vivía en ese momento, La Solidaridad, también hubo otros niños con problemas. Hasta casos de hidrocefalia. Pero los médicos y las autoridades se lavan las manos con esto de enviar a los chicos con problemas a otros lugares.

Las plantas que teníamos cerca también usaban secadoras, por lo que en determinados momentos teníamos toda una nube de polvo con agroquímicos que le habían echado a las semillas sobre el mismo barrio.

Por atrás de mi casa pasaban los aviones fumigando.

Con el tiempo mi pareja y yo nos hicimos un estudio de cromosomas con especialistas de la Universidad de Río Cuarto y nos dio que tenemos rotura en la cadena de ADN. Otro estudio hecho en 2014, un año después de lo que pasó en mi embarazo, me dio que tenía cipermetrina, endosulfan y clorpirifos en la sangre. Al papá de Eloy le encontraron cipermetrina y clorpirifos.

Ahora, por suerte, ya no vivo en La Solidaridad si no bastante lejos de las plantas que nos contaminaron. En su momento hablamos con la Municipalidad que, después de mil vueltas, nos dio 3.600 pesos para el estudio que confirmó nuestro daño en el ADN.

Los controles antes de las 22 semanas me habían dado bien, por lo que los médicos incluso de La Plata nos aseguraron que la situación del bebé se complicó por un tema puntual de contaminación en un momento determinado después de ese lapso.

Eloy falleció el 17 de diciembre de 2013, un día después de haber nacido. Al día de hoy, el doctor de América que nos derivó a Trenque Lauquen nos cruza en las calles del pueblo y agacha la cabeza.

Hoy tengo 20 años y otro bebé: Lemmy, de 7 meses, que nació sin ningún tipo de problema. Eso refuerza todavía más que lo que pasó con mi otro hijo se debió a un contacto fulminante con agroquímicos en la gestación.

Las plantas que tuvieron responsabilidad en lo que me pasó siguen estando en el mismo lugar y funcionando igual que siempre.

Para la mayoría de la gente de América lo que yo sufrí a los 17 años es como si nunca hubiese pasado.

Luis Lucero
(febrero de 2017)

Esto me pasó el miércoles 30 de noviembre de 2016. Estaba trabajando en el basural de Trenque Lauquen como vengo haciendo desde hace 20 años. En ese momento manejaba una pala mecánica y mi tarea era empujar la basura a distintos pozos y tapar. La máquina era vieja y no me quedaba otra que operarla con la puerta abierta. En eso estaba cuando, con la rueda delantera, pisé un bidón que estaba tirado. El recipiente explotó soltando un líquido que salpicó toda la cabina y también a mí. En cuanto terminé de pasarle por encima miré para atrás y ahí vi que se trataba de un bidón de herbicida.

Seguí trabajando y como a la media hora empecé con molestias en la garganta. Ya el olor dentro de la máquina era insoportable. Yo ya había visto bidones en otras oportunidades. A las molestias en la garganta le siguieron los mareos y en un momento me di cuenta de que no podía hablar. Intenté llamar por teléfono a mi casa y no pude pronunciar ni una sola palabra. Entonces, en la desesperación, empecé a mandar mensajes de texto.

Así como estaba salí con la máquina para el lugar donde se guarda el equipamiento del basurero. Anduve como dos kilómetros en la pala. Una vez ahí, subí a mi moto y como pude enfilé para casa. Llegué ahogado y de la boca me salía sangre. Mi señora, al verme así, me cargó en el auto y salimos para el hospital. Enseguida vi un médico, quien hizo que me inyectaran un corticoides para tratar la intoxicación y me pusieron oxígeno.

Pensé que hasta ahí había llegado. Que me iba a morir a los 38 años. Estuve con respirador y en terapia intensiva durante 24 horas. Después me mandaron a mi casa. Al día siguiente, estando ya con la familia, no pude ingerir ni una gota de agua por cómo tenía la garganta, la boca. Como tampoco me resultaba posible comer, mi señora volvió a llevarme a la guardia del hospital.

Ahí es cuando empieza a intervenir el intendente de Trenque Lauquen, Miguel Fernández, quien me hizo ver con especialistas. Un otorrinolaringólogo me dijo que era lógico que no pudiera comer porque tenía toda la garganta en carne viva. Me hizo un tratamiento con un spray y lo único que largué fueron coágulos. Desde la nariz hacia la garganta todo era una gran lastimadura.

Recién a los días pude empezar a tomar yogur. Estuve 15 días alimentándome con eso. Estuve 10 días haciéndome el tratamiento con el spray. También me dieron antibióticos por un tiempo parecido. En todos estos años que llevo trabajando en el basural jamás me había pasado una cosa así. Desde entonces hasta ahora los médicos, cada vez que me ven, me dicen feliz cumpleaños. Nací de vuelta.

Ahora estoy de vuelta trabajando en el basurero. Me dieron una máquina nueva, cerrada y con aire acondicionado. Ana Paula Motrel, la directora de medio ambiente de la Municipalidad, dice que mandó a revisar el lugar donde me pasó la intoxicación y que no encontraron ningún bidón. Es raro porque ese día yo empujé el recipiente y quedó enterrado como a medio metro de profundidad. Mis compañeros dicen que en esa zona durante varios días quedó un olor impresionante, que no se podía respirar. Sin embargo, la prueba nunca apareció.

El bidón que explotó, yo lo pude ver, era de una mezcla de glifosato con 2,4-D. No olvido más lo que fue llegar a mi casa con la boca llena de sangre. Mi señora también me dijo que yo largaba espuma. Tengo tres hijas y en esas circunstancias pensé lo peor.

Hoy no tengo secuelas visibles de eso que pasó, pero la garganta se me vuelve a cerrar en cuanto echan un insecticida en casa. Se me acelera la respiración. Hace unos días me pasó de ponerle repelente Off a una de mis hijas y empezar a tener problemas para respirar. Mi cuerpo quedó sensible a los químicos y los médicos ya me dijeron que si vuelvo a tener contacto con algún herbicida, algo que puede pasar porque en el basural tiran de todo, me voy a poner muy mal. Que no saben cómo puedo terminar.

ROGELIO PARRA
(febrero de 2017)

Todo mi problema empezó en el 2001. En ese momento tenía 35 años y trabajaba acá, en Necochea, para una cerealera llamada Productos Sudamericanos. Me ocupaba de palear el maíz dentro del silo y en una de esas jornadas, después de haber estado 5 horas moviendo el cereal, empecé a sentirme mareado, descompuesto. Ya antes, haciendo un trabajo similar, vivía con descomposturas de hígado pero nunca le presté atención.

Entré a trabajar a Productos Sudamericanos en 1994. La jornada que me intoxiqué terminé en el hospital y ahí me dijeron que mi problema surgió del contacto con phostoxin, una pastilla de veneno que se pone en el cereal para matar los bichitos que genera el almacenamiento. Los análisis que me hicieron también dieron positivo en un insecticida organofosforado, el malatión.

En la planta, antes de meter el maíz en el silo, las cajas de los camiones eran regadas con malatión y en la cinta que ingresaba el grano se agregaba el postoxin. Todo el cereal con esos productos terminaba guardado y yo luego tenía que ir y palear ahí adentro, respirando eso y teniendo contacto con los químicos a través de la piel.

El mismo tratamiento se le hacía al trigo y el girasol. En el hospital de Necochea, cuando me intoxiqué, los médicos me dijeron que no podían hacer nada. Que no tenían cura para sacarme los venenos que aparecieron en los análisis de sangre posteriores.

A los pocos días de la descompostura me atacó una parálisis que me dejó imposibilitado de mover las piernas, el brazo izquierdo y parte de la cara. Empecé a no reconocer a nadie, no entendía cuando en mi familia me hablaban y perdí la habilidad de escribir. También entré en un pozo de depresión por efecto de los mismos venenos, que me afectaron el sistema nervioso y a nivel neurológico.

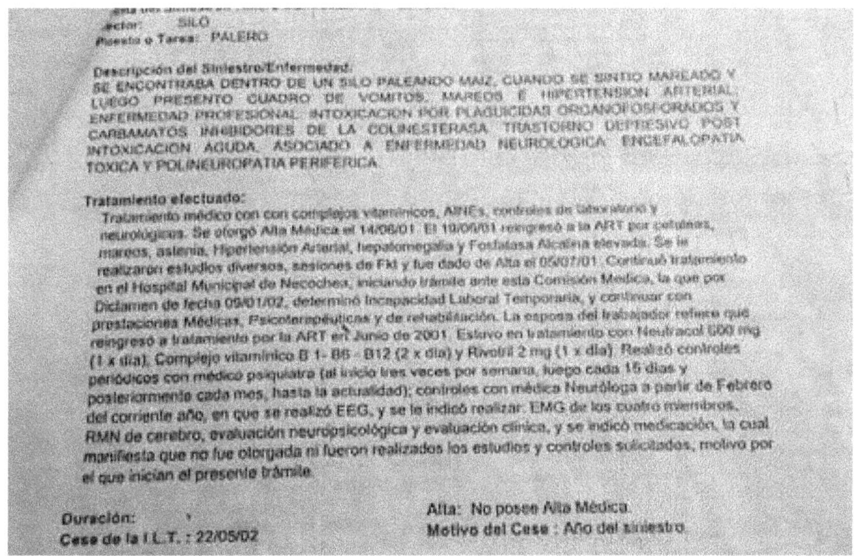

Con el avance de las pruebas médicas se determinó que tengo una incapacidad irreversible, no podré trabajar en nada nunca más. En el 2001 quedé sin trabajo y con 3 hijos a mi cargo, dos nenas y un varón. Recién pude recuperar parte de la movilidad en el año 2009. Mi hija mayor me enseñó a escribir otra vez.

Con la empresa entré en un litigio y los abogados me convencieron de llegar a un arreglo en 2008. Me pagaron 60.000 pesos y al otro año Productos Sudamericanos se declaró en quiebra y terminó alquilando sus instalaciones. Me indemnizaron como operario siendo que yo era estibador, por lo que el monto debió ser mayor.

Tiempo después, mientras yo insistía con los reclamos, terminó desapareciendo mi historia clínica del hospital de Necochea. Por suerte, yo había tenido la astucia de hacer fotocopias de todos esos documentos.

Para cuando me salió la jubilación por incapacidad, en 2011, yo ya estaba en la calle. Durante 2012 estuve viviendo con mis hijos en una plaza de la ciudad. Como los medios empezaron a prestarme atención, la Municipalidad me trasladó primero al hospital, donde estuve viviendo con los chicos unos 5 días, luego a un galpón, y más tarde al lugar donde estoy ahora, un camping llamado Base Campamento.

Tengo una jubilación de 5.600 pesos y dos hijos que siguen estando conmigo. La realidad es que no puedo alquilar, no me alcanza. Ahora, las nuevas autoridades de Necochea ya me avisaron que me tengo que ir de Base Campamento así que no sé adónde iremos a parar.

Toda esta situación de traslados y no saber qué ocurrirá mañana complica mi salud ya que cualquier momento de stress hace que vuelva la parálisis. Me envenenaron para todo el viaje pero más allá de lo que me pueda pasar a mí, lo que me duele es no poder darles una vida mejor a mis hijos.

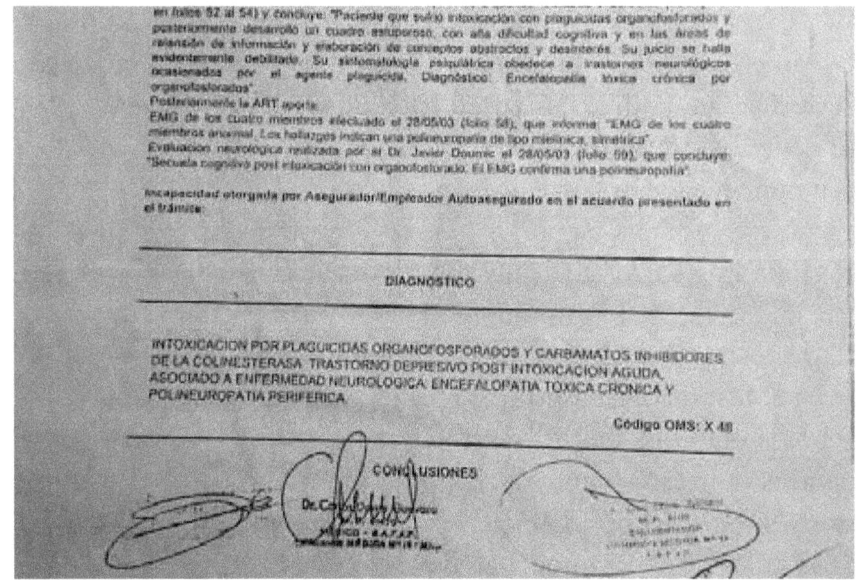

Epílogo

Estela Lemes, directora de la escuela entrerriana número 66 Bartolito Mitre, de Costa Uruguay Sur, en las cercanías de Gualeguaychú, sobrevive hoy con dos agroquímicos en sangre: clorpirifos y glifosato. Sufre de atrofia muscular en el brazo y la pierna izquierdos. Su ART se niega a costear los tratamientos que debe llevar adelante para recuperar parte de su salud.

La polineuropatía tóxica que afecta a Fabián Tomasi hoy le impide levantar el tubo del teléfono para poder contestar a mis llamados. Prácticamente no mueve sus manos y sólo puede caminar trayectos cortos porque pierde el equilibrio. Pesa alrededor de 42 kilos y sólo recibe la visita de quienes continúan exponiendo su caso como el testimonio más visible de lo que producen los pesticidas cuando contaminan el cuerpo.

En San Jorge, provincia de Santa Fe, la presión de los principales actores locales del agronegocio logrará alzarse con un acortamiento de los metros para pulverizaciones permitidas. La pauta pasará de los 800 metros fijados en febrero de 2011 a los breves 500. El tire y afloje en la Justicia todavía mantiene abierta la discusión en torno a la toxicidad de los productos más allá de los afectados como Ailén, la niña que sufrió problemas respiratorios prácticamente desde su nacimiento por efecto de las fumigaciones que se realizaban frente a su casa.

El barrio de Ituzaingó, en la periferia de la ciudad de Córdoba, continúa habitado pese a la alta contaminación que mantiene en su suelo y las fuentes de agua. Incluso se construyeron más viviendas. Pese a la condena pautada en 2012 para Edgardo Pancello y

Francisco Parra por fumigar sobre el área poblada, la causa volverá a tratarse en los meses venideros. Nada hace suponer que el final llegará con la prisión prometida hace más de cuatro años.

Ninguno de los fumigadores que pulverizaron sobre las escuelas con niños en sus aulas recibió condena judicial alguna. Ni siquiera sanciones económicas.

Todo hace ver que desde la primera edición de *Envenenados* hasta hoy el grueso de los casos que expone mi trabajo no ha hecho más que empeorar o, cuanto menos, seguir bajo las mismas condiciones de vulnerabilidad que expuse hace más de tres años. La única diferencia que percibo es, por decirlo de algún modo, mediática. Esto, producto de la intensificación en lo que hace al uso de agroquímicos.

Aunque fuera del radar de los grandes medios de comunicación, que en su amplia mayoría continúan bajo la lógica empresarial de exponer ciertas realidades según los límites que impone el peso de la pauta publicitaria, las víctimas de las fumigaciones poco a poco han ido ganando visibilidad sobre todo en portales de información alternativos. Pero no más que eso.

Al momento de efectuar un balance de esta investigación, prevalece la sensación de que así como el problema se ha ido intensificando, de igual forma han crecido los esfuerzos por desterrar los argumentos que prueban tanto la naturaleza tóxica de los agroquímicos que se utilizan en el campo argentino como la presencia de estos pesticidas en los alimentos que llegan a las ciudades.

Que nada haya cambiado demasiado en el período que va desde la aparición de *Envenenados* hasta estos días impide que sostenga una visión positiva respecto de los tiempos que se avecinan.

Muy por el contrario, la elección de referentes políticos que mantienen en la función pública a científicos con pasado en algunas de las compañías que hoy desarrollan transgénicos en la Argentina –como ocurre con el Ministro de Ciencia Lino Barañao y su trabajo para Sidus o su segundo, Alejandro Mentaberry, también vinculado a la misma empresa antes de desempeñarse en la función pública–, me hunde en la certeza de que el actual modelo de producción agrícola va camino a profundizarse.

Mientras escribo estas líneas caigo en la certidumbre de que plantear una epílogo a este trabajo bordea la mentira. No quiero que esto se malinterprete. A lo que voy con lo anterior responde a que estoy seguro de que este mapa de tragedias que se despliega en las páginas que anteceden lo único que hará hacia adelante es repetirse. La masa de afectados se multiplicará. El único cierre que puedo pensar para esta reedición de *Envenenados* lo encuentro en el valor de volver a dar a conocer la génesis del monstruo de dos cabezas que conforma el matrimonio transgénicos-agroquímicos. También, en sostener las historias con las que me encontré hace más de tres años.

Por supuesto que la batalla es despareja: mientras los casos de afectados no dejan de aparecer, al mismo tiempo el sistema vigente se ocupa de inundar las opciones alimenticias con productos surgidos de los campos fumigados. En la actualidad, alrededor de 1.000 artículos que se comercializan en nuestros supermercados contienen derivados de soja o maíz tratados con agroquímicos cancerígenos como el glifosato o el 2,4-D.

Pretender que un libro ponga fin a una catástrofe sanitaria en auge resulta ridículo. Y es esa certeza contundente la que en más de una oportunidad me obligó a repensar cuánto de valioso tiene persistir con una denuncia que continúa siendo desoída por quienes definen el ritmo productivo y social de la Argentina. Los tiempos difíciles requieren posiciones graníticas y ahí es donde la honestidad intelectual vuelve a primar ante el titubeo.

Voy a dejar este epílogo abierto.

En principio, como señal de confianza de que en algún momento surgirá una discusión real en torno a cómo eso mismo que llena las arcas de un Estado atenta contra la supervivencia de las personas que lo conforman. Que los intereses y variables que aquí se exponen, con la evolución funesta que detallan las gargantas incluidas, resulte combustible para enjuiciar una estructura productiva que debe modificarse: esa es la aspiración que motoriza la versión corregida de esta investigación.

Patricio Eleisegui
febrero,2017

ÍNDICE

Este libro se terminó de imprimir en
Modelo para Armar en el mes de marzo de 2017
Luis Sáenz Peña 647 - CABA
Buenos Aires - Argentina